脱・カンチガイ経営
飲食店の

——間違いだらけの
経営思考から抜け出せば
もっともっと儲かる店になる！

佐野 裕二

はじめに

今、あなたの目の前に2つの道があったとします。右の道は「天国の道」、左の道は「地獄の道」、さて、あなたはどちらの道を選択しますか？

そんな決まりきった質問に対して、「それは○○の道に決まっているじゃないか」と答えが返ってくる…、そして、○○の中は、当然「天国」だと思いますよね？

ところが、ところがですよ、（苦笑）これが、飲食店の現場ではそうではない場合が本当に多いのです。もちろん、飲食店を経営している方々は、誰もが「売上をもっと伸ばしたい」「いっぱい利益を出したい」と思っているはずですし、売上を落とすために頑張っている人はいないはずです。

でも、私が、飲食店のコンサルタントとして、毎月、北海道から四国・九州までの日本全国のクライアント先を訪問しながら疑問に思うことは、どうして、こんなにも飲食店経営の判断を間違えてしまうのだろうか？ということです。

この本を手にして、お読みいただいているあなたは、飲食店に携わりながら、集客・収益・人の育成・メニューなどで、何らかの悩みを抱えていらっしゃるのではないでしょうか？

私にコンサルティングを依頼される方のほとんどが、売上が落ちていく中で、「何をやればいいのか分からない」「何をやっても効果がない」「今やっていることが正しいのかさえ分からなくなった」と言われます。

よくよく話を聞いてみると、ほとんどの方が、一言で言えば、「カンチガイ経営」をやっているのです。「視点」と「思考」が間違っているのです。

そして、その間違った道を、さらにアクセルをふかしてばく進しているのです。間違った道を100キロ進めば、戻ってくるまでにさらに100キロかかってしまい、合計200キロのガソリンと時間を使ってしまいます。

そんなことをやっていては、儲かるわけがないでしょう！

この本は、あなたが「カンチガイ経営」から脱出するためのナビゲーションです。たぶん、あなたは、この本を読むことで、いくつもの「カンチガイ経営」に気づくことでしょう。

あなたは、そのたびに心の中で「ラッキー」と叫んでください。

なぜなら、それが、「脱・カンチガイ経営」の第一歩だからです。

私が心から愛する、日本全国の飲食店が、1店でも多く「脱出」出来ることを願いながら、心を込めて執筆していきたいと思います。

有限会社イチマルハック　飲食店コンサルタント　佐野裕二

目次

イラスト　跡部禎子
装丁・デザイン　宮本郁

01

客単価を上げる方法は、「値上げ」ではなく「値下げ」？

私の仕事は、毎月1回、日本全国の飲食店を訪問し、各々の店の夢や目標の実現、はたまた、課題や売上不振を改善していくというものです。

もちろん、いろいろなお店があり、いろいろな事情があり、2つとして同じような状況はないでしょう。

しかし、それは、飲食店の経営全般における話であって、私は、飲食店における経営判断は、上か下か、右か左か、前か後ろか、というような、概《おおむ》ね2つに1つの選択判断の繰り返しではないかと思っています。

そして、つくづく「本当に不思議だなあ」と思うことがあります。

それは、経営が上手くいっていないお店に限って、そのたった2つの選択を、必ず見誤るのです。

サイコロを振って、偶数が出る確率は理論上50％です。ならば、2つに1つの選択ならば、ほぼ50％は「正しい選択」が出来るのではないか？

いや、贅沢は言いません。（苦笑）運が悪かったとして、せめて30％くらいは「正しい選択」になってもいいじゃないか？って思いませんか？

ところが、これが本当に、ほぼ０％なのです。逆に言えば、ほぼ１００％間違った選択をしてしまっているのです。

まさに「カンチガイ経営者」なのです。私が思うに、この「カンチガイ経営者」は、「視点」と「思考」がずれているようです。

つまり、今、「どこに目を向けるべきか」そして、「そこでどう考えるか」が間違っているのです。

この本をお読みのあなたには、目の前のたった2つの道を、サイコロ以上の確率で（笑）、いや、限りなく１００％近い確率で「正しい選択」が出来るように、事例をふんだんに盛り込みお伝えしたいと思います。まずは、『客単価』という視点からお伝えしましょう。

●客単価を上げることとは、「来店予算率」を上げること

まず、ほとんどの方が売上の方程式は？という質問を受けたら、「客数」×「客単価」と答えると思います。

しかし、それは「結果的な売上」としての方程式だということを理解しておかなければなりません。つまり、日々の営業のプロセスにおいては、この方程式がとても危険な思考を導き出す場合が多いということです。

たとえば、お店が「客単価」を上げようと「売価」を上げたら、逆に「客単価」が下がってしまったなんてことはよくあることです。

よく聞く言葉が、「客数が減った分を客単価で補うために、価格を少し値上げしたいのですが、どうでしょうか？」というものです。

売価を上げれば客単価が上がるという考えは、一見まともな考えのようですが、これもまったくの机上の論理でしかないのです。

私のクライアント先の店長が口を揃えて言うのが「客観的にお店を見られなくなってしまいました」という言葉ですが、この「客単価」においてもやはり「客観的」に物事を考えて判断することが重要なのです。

あなたはたぶん、「客単価を客観的に見るってどういうことだろう？」と思われたのではないでしょうか？

私が考える「客単価を上げる」方法は、「売価を上げる」ということではなく、「来店予算率を上げる」ということです。

「来店予算率」とは、あなたのお店に来たお客様があらかじめ描いている「予算」に対し、実際に支払われた料金の比率のことを言います。

たとえば、ある定食屋にお客様Aさんが来店したとしましょう。その際にAさんは、来店予算を1000円と考えていました。ところが、このお店の定食は一律700円で、サイドメニューが500円でした。

すると、Aさんは700円の定食を注文するでしょうが、プラス500円のサイドメニューは注文しないのではないかという仮説が出来ます。

この場合、1000円の予算に対して、実際は700円の支払いですから、「来店予算率」は70%ということになります。（もちろん、実際の購買心理はこれほど単純ではありませんが、ここでは「来店予算率」の説明ということでご理解ください）

ここで押さえてほしいポイントは、お店側が勝手に「客数が落ち込んだから、その分を客単価で補おう」と売価だけを上げても、そうは問屋が卸さない、つまり、そうはお客様は払わないということです。

これをお客様の立場で考えたなら、単純な「売価の値上げ」がお店側の勝手な都合であることは紛れもない事実だということがお分かりいただけると思います。

それでは、実際にこの「来店予算率」を意識してメニューを改定し、大成功した実話をお伝えしましょう。

●価格改定で大成功したケース

あるレストランでは、元々、セットメニューの価格を、1500円、4000円、6000円で設定し、サイドメニューの価格帯は、1500円〜3000円程度で設定していました。

その結果、販売構成比は、1500円のセット構成比が95%以上、サイドメニューに至っては、ほぼゼロの状態でした。聞けば、これらの価格設定の根底にも、やはり、客単価を過剰に意識している現実がありました。

私はこのお店に対し、2つの改善をしました。その1つは、セット価格を1500円、1800円、2100円の3価格帯にするということ。

そして、もう1つは、サイドメニューの料理をすべて、ほぼハーフサイズにし、価格帯を590円〜700円程度にしたことです。

売価を下げると客単価が下がり、売上が下がると信じて疑わない人には信じられない改善かもしれません。

実際に、そのお店の店長は、「それでは客単価が下がって益々売上が下がってしまうのでは…」と言って、数ヵ月間、私のアドバイスに対して躊躇していました。でも、私は「来店予算

あるレストランのセットメニューの価格

Aセット	1500円
Bセット	4000円
Cセット	6000円
サイドメニュー	1500円〜3000円

「来店予算率」を考えて価格を変更

Aセット	1500円
Bセット	1800円
Cセット	2100円
サイドメニュー	590円〜700円

大成功！

客単価も売上もアップ！

お客が来店前にだいたい使おうと考えていた予算額を1人あたり3000円と考えてセットメニューとサイドメニューの価格を安く変更。かえって客単価、売上がアップした。

率」の視点から、間違いなく客単価も売上も上がると確信していたのです。

　この場合の私の仮説を具体的にお伝えしましょう。

　たとえば、このレストランに来たお客様が、3000円前後の予算をイメージして来店されたとします。その時に、最初の価格設定のメニューを見せられたらどうでしょうか、たぶん、そのお客様は、1500円、4000円、6000円のセットメニューの中から、1500円のメニューを選択するでしょう。

　そして、サイドメニューを見ても1500円〜3000円の価格帯を見て、「セットだけでいいや」と思うでしょう。すると、この場合の「来店予算率」は、50%（1500円÷3000円）ということになります。

では、これが私の提案した価格帯のメニューだったらどうでしょうか？　１５００円、１８００円、２１００円のセット価格帯を見て、１８００円や２１００円のセットを注文する確率は非常に高くなることは言うまでもないでしょう。

また、そうやって同一のメニューやセットなどにおいて、高価格のメニューを選択していただくには重要なポイントがあります。それは、お客様が「料金が高くなる」という違和感のないような価格設定と明確な魅力を伝えることです。

この事例の場合、元々の価格、１５００円、４０００円、６０００円では、価格差がありすぎてオーダーが１５００円に集中してしまいます。これを、１５００円、１８００円、２１００円にすることで、お客様が違和感がなくなるのです。

また、単に価格を接近させるだけではなく、「量が多めの１８００円」「質が高い２１００円」というように、価格差の意味や特徴も明確にしました。

私はこれらの考え方を「メニューに梯子を作る」と言っており、多くのクライアント先との共通言語となっています。

それからサイドメニューも同じ考え方で、５９０円～７００円程度であれば、１品頼んでも予算の３０００円以下でおさまるのですから注文する確率が高くなります。

さて、結果は言うまでもありませんが、客単価の大幅ＵＰ（つまり、来店予算率のＵＰですね）で売上もＵＰしました。細かい数字を書き並べても仕方がありませんので、簡単に状況をお伝えすれば、メニュー変更以前は、ほぼ１５００円の客単価だったものが、メニュー変更後は、全体の35％が１８００円と２１００円に移行しました。さらに、全体の27％がサイドオーダーを注文するようになったのです。

飲食店では本当に不思議で面白い「心理戦」が飛び交っています。この事例でも、私は全体で見れば、セットメニューもサイドメニューも大幅に売価を下げています。ところが、逆に客単価は上がっているのです。

さらに、お客様から「以前から、もう少しボリュームがあればいいなって思っていた」「サイドメニューが手頃な価格になって嬉しい」等々、お客様が今までより余計にお金を払った上に喜んでくださっているのです。

あなたにも是非、「来店予算率」という視点と思考を持っていただきたいと思います。

もちろん、お客様それぞれの予算など、事前に分かるものではありませんが、「来店予算率」という意識を持ってお客様と接していけば、必ず、イメージが出来てくるはずです。まずは、あなた自身がお客様の立場になって、来店予算を想定してみてください。

また、フロアセールス力のあるお店には、笑顔とおもてなしの心で、さりげないメニュー提案を行ない、来店予算率を１００％以上に出来るスタッフもいることを付け加えておきます。

02

お客様の「本腹」ばかり刺激しても客単価は上がらない

飲食店の現場にどっぷり浸かっていると季節を見失い、時間を見失うおそれがあります。私も店長時代は、年中半袖のユニホームで慌しく日々を過ごし、桜の花も知らぬ間に散っていました。そうなると、思考回路がどんどん内向的になってしまいます。

つまり、まったく「お客様」という観点がない自己都合的で、悲観的な考え方になってくるのです。これは、人にたとえれば、「ひきこもり」や「うつ病」のような状態です。（困ったことに、本人に自覚症状がありません）

私は、日本全国の飲食店のコンサルティングを続けている中で、「うつ病」のお店がすぐにわかるようになりました。ある意味で、コンサルティングの依頼をされる方は、店の課題を自覚しているわけですから、改善の可能性は大なのですが、問題は、完全にひきこもったお店です。そういう店は、自覚症状がありませんから、どんどんお客様を遠ざけるオーラを出してしまうのです。（おおよそ全体の30％くらいが病んでいる気がします）

私がモットーにしている言葉に「自己新記録」というものがあります。人は、他人との比較になると、無理をしてしまい、いろいろな雑念が入り込んできます。

でも、「自己新記録」を目指すという考え方ならば、純粋に自分を見失わずに頑張れる気がしませんか？　私は、常々、この「自己新記録」を更新する努力をしています。

さてさて、本題に入りましょう。先ほどは、「客単価」に関するカンチガイな思考をお伝えしましたが、さらに詳しく解説していきます。

これまで、客単価を上げる方法は、「売価を上げる」か「もう1品買ってもらう」という大きく2つの方法が基本になっていましたが、私は、それだけでは大きなカンチガイ＝大失敗を起こすと提言したいのです。

そもそも、「売価を上げる」「もう1品買ってもらう」などの単純な考え方は、先にお伝えした自己都合なうつ病的な考え方なのです。なぜなら、その考え方に「お客様側の視点」がまったく入っていないではありませんか。

私は、客単価を考える際に、「2つの袋」を意識すべきだと考えます。1つは、「財布」という袋です。これは、繰り返しになりますが、いかに「来店予算率」を高めていくかということです。つまり、自分達の「客単価」を上げるというカンチガイ経営ではなく、お客様の「来店予算率」を上げるということです。この2つの視点はまったく似て非なるものですから、しっかりと頭に入れていただきたいと思います。

●この4つの「胃袋」に注目！

そして、今回は、2つめの袋「胃袋」にスポットを当ててみたいと思います。簡易的に、このお客様の胃袋を4つに分類します。

①本腹…メインの主食メニュー
②脇腹…サイドメニュー
③別腹…デザートメニュー
④飲腹…飲み物メニュー

このように、お客様の胃袋を「本腹」「脇腹」「別腹」「飲腹」に大別するだけでも今までと違うアプローチが思い浮かぶのではないでしょうか？

多くの飲食店では、このような思考をまったく持たずに、単に価格が高いものを勧めたり、「本腹」ばかりを刺激していますが、これが大きなカンチガイ経営なのです。

では、ひとつずつ説明していきましょう。まず、「**本腹**」ですが、このメニューはいうまでもなく、店の生命線となるメニューですから、多くの説明はいらないでしょうが、注意点としては、この「本腹」ばかりをいじっていても意外に売上は伸びないということです。

お客の「4つの胃袋」を攻めよう

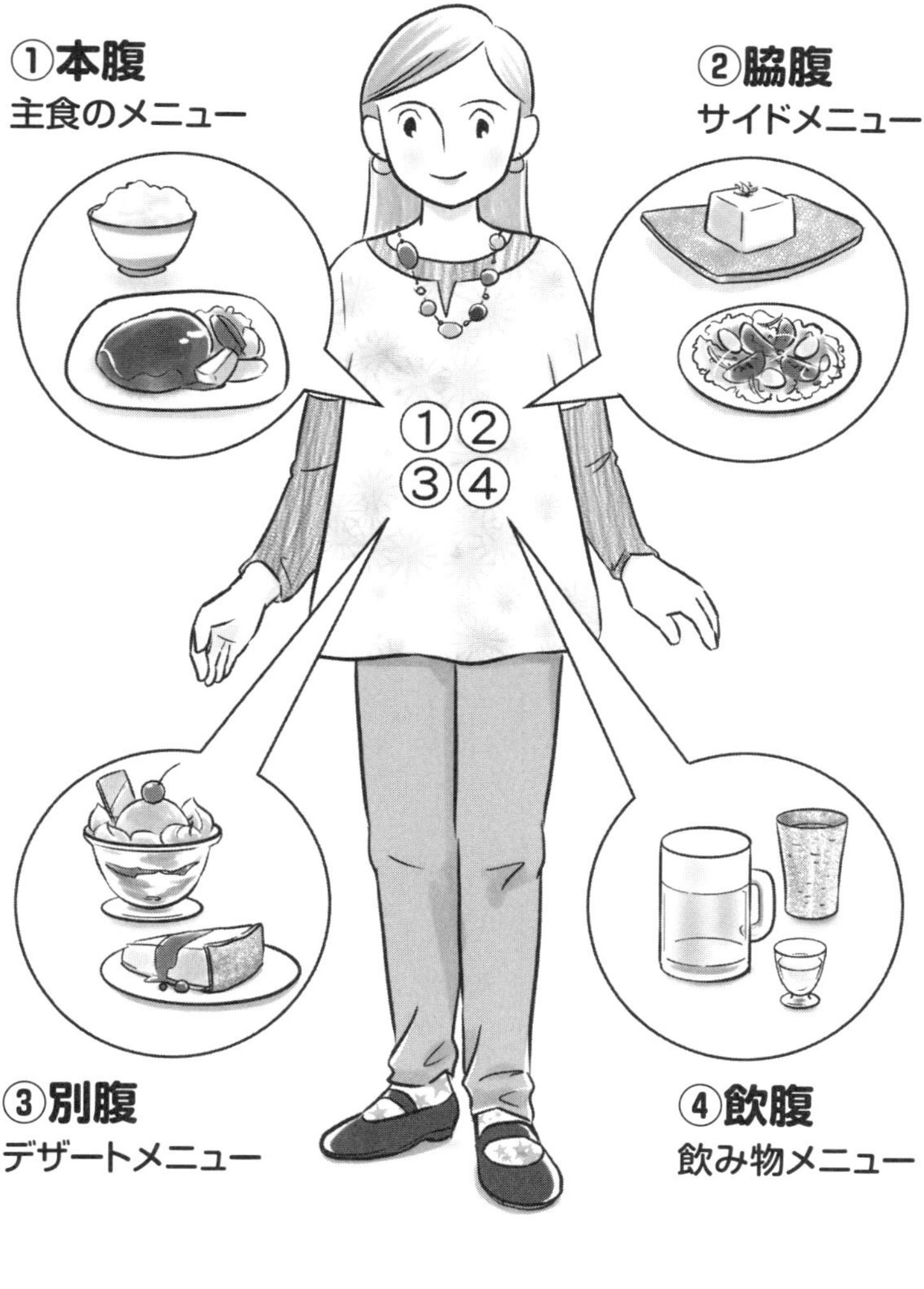

これは、「カニバリ」という現象（カニ歩きのように単にメニューが移行するだけの状態）によるものです。たとえば、「きつねうどん」を売っているお店が新たに「たぬきうどん」を売り出したとしてもオーダーが移行するだけで売上にさほど影響がないということです。

「本腹」を軸に売上や客単価を考えるのであれば、基本メニューを「梅」とした「松・竹・梅」メニューを用意したり、「大盛り」メニューや「こだわりの素材」メニューを盛り込むとよいでしょう。

次に、意外に重要な「**脇腹**」メニューですが、ここでは単にサイドメニューとしての商品を揃えるのではなく、「本腹」メニューとの食べあわせや相乗効果を考えた商品を準備したいものです。たとえば焼肉店の「キャベツ」メニューなどがよい例です。油っぽいお肉との食べ合わせとして、また、３００円以下の手軽に注文出来るものとして、あるいは、原価率５％前後の利益貢献メニューとして最適なメニューなのです。

秋田で繁盛しているある焼肉店では、店内の壁一面にこの「脇腹」メニューを告知していました。そこで、お客様をよくよく観察していると、ポツポツとその「脇腹」メニューを注文しているのです。2時間程度の時間ですが、その間に一人平均1・5品程度の「脇腹」メニューを注文していました。

極端な言い方ですが、注文がカルビからロースに変わっても売上は伸びないけれど、キャベツを追加してもらったら、そのまま売上にＯＮするのです。この店の客単価が３０００円程度ですから、脇腹メニュー（３００円として）を１・５品注文したら４５０円のプラス。つまり、売上が15％アップするわけです。この景気の悪い環境の中で15％でもアップすれば大助かりではありませんか？

私は、これを**お客様の「脇腹をくすぐる」売上アップ法**と言っています。

ただし、この「脇腹」メニューにおいては、「原価率」をあまり意識しないことが重要です。（事例のキャベツはある意味特別なメニューと考えてください）大切なのは、何よりも「売価」です。おおよその目安（店舗タイプによって多少異なりますが）は、平均客単価の10％〜15％前後で設定するとよいでしょう。客単価３０００円の店ならば、おおよそ３００円〜４５０円程度ということです。

次に、「**別腹**」ですが、これは「デザートは別腹」というように、食事の後の口直しメニューやデザートを意味します。「脇腹」は、「本腹」との食べあわせを意識してほしいとお伝えしましたが、この「別腹」は、店の最終評価を決定するメニューだという意識を持っていただきたいのです。

極端な話、原価率が50％を超えようとも、価値ある商品を用意しましょう。繁盛しているお店は、デザートまでしっかりお客様の満足感を満たしてくれます。

あるパスタのお店では、デザートのかぼちゃのプリンが大評判になり、ほとんどのお客様が食後に注文しています。そこの店長は、「パスタ屋なのかプリン屋なのかわかりませんね」と苦笑していましたが、言うまでもなく、このお店の売上にプリンは大貢献しているのです。

大手外食チェーン店においてもこの「別腹」の展開が企業本位の「客単価吊り上げ作戦」でしかないところがほとんどです。そんな中で、唯一、お客様視点で「別腹」メニューを展開しているのが「びっくりドンキー」チェーンです。

ぜひ、そういう観点で「びっくりドンキー」を利用してみるとよいでしょう。リーズナブルな価格とチープではない（これがとても重要）内容とボリュームの商品を提供しています。

「**飲腹**」に関しては、おかわりのお勧め等のセールス力が重要だということにとどめておきますが、お客様は、常に、「財布」と「胃袋」という2つの袋を意識しているという観点を絶対に忘れないでいただきたいのです。

そして、今一度、「原価率では飯は食えない」ということも覚えておいていただきたいと思います。売れて初めて「原価率」が発生するわけで、それまでは「在庫」か「ロス」なのです。商売の基本は、「原価率」ではなく、「荒利額の足し算」なのです。この考えから、「脇腹」と「別腹」を組み立てていただきたいと思います。きっと、思わぬ反応、思わぬ効果が生まれてくるでしょう。

03 売上はピークを上げれば、アベレージも上がる

私が大学時代に飲食店でアルバイトをしていた頃（〜1985年頃）までは、業界全体がまさに右肩上がりの状態で、ほとんどのお店が「前年をクリアするのは当たり前」のような感覚を持っていたものです。

ところが、1980年代後半からは、業界全体が低迷し、迷走し始めます。

価格競争で売価は下がるのに、人材確保で人件費は上がる。それでも、思うように売上が伸びない、思うように人材が集まらない。

そして、ここにきての「飲酒問題」「ガソリンの高騰」、また、「原材料の高騰」と、現場からは悲痛な声が聞こえてきます。

だからこそ、なんとしてでも売上を伸ばしていかなければならないのですが、現実問題として、当分は業界全体が昔のような右肩上がりに業績を回復することはないでしょう。

でも、個店レベルにおいてはどうでしょうか？　この厳しい状況下においても飛躍的に売上

を伸ばしている店はたくさんあります。

私のクライアント先では、売上がナント前年対比213％になった店を筆頭に、150％前後の飛躍的な売上の伸びを示している店がいっぱいあります。

ここでよく考えなければならないことは、業界全体の業績はジリ貧状態であるにもかかわらず、飛躍的に売上を伸ばしている店や超繁盛店があるということは、まさに弱肉強食の生き残りを賭けたサバイバル状態だということです。この傾向は、ビジネス全般にも言えることですが、開業数も廃業数も非常に多い「飲食店」は、その中でも群を抜いた存在なのです。

実際に、先の前年対比213％のお店の近辺でほぼ同時にオープンした別の2店舗は、1周年を待たずに早々に廃業しています。

飲食店のコンサルタントである私にも様々なご相談がありますが、売上不振での相談に限れば、結局は、「売上のピークがなくなった」という実態に集約されます。

ここで言う「売上のピーク」とは、大きなところでは、GW、夏休み、年末年始などの期間としてのピーク、さらには、週末のピーク、お昼のピーク、夜のピーク、販売促進による「効果」というピーク、等々を意味します。

ただし、ここが問題点ですが、ご相談をされる方の多くは、ハッキリとそういう認識を持たれていません。売上低迷を「全体的なもの」として捉える傾向があり、売上絶対額の低いところに単純に着目してしまうのです。

●売上の低い日に力を入れようとするのがカンチガイ

たとえば、こんな感じです、関東のあるスーパーの1階に出店している飲食店の実話ですが、このスーパーは、毎週水曜日が定休日で、毎週火曜日が特売日でした。この飲食店の売上はその影響を受けて、水曜日（定休日）は5万円、火曜日（特売日）は15万円、その他の平日は10万円といったような状況で、そこで、店長が始めたのが「定休日サービス」です。売上の悪い水曜日（つまり、売上絶対額の低いところ）の売上を少しでも上げたいと考えたのです。

私はこの店長とミーティングをして、「逆に特売日に販促をやってみませんか？」と提案しても、店長の意見は、「どうせ売れる時に販促をやるよりも、売れない時に販促をやるほうが売上は上がるのではないですか？」というものでした。

そこで、「ならば、今の定休日サービスはどんな反応ですか？」と聞いてみると、「売上は今までとほとんど変わらないけれど、来てくれたお客様は喜んでくれている」と、なんとも言いがたい答えしか返ってきません。（苦笑）

実際にデータを見てみると、数千円増えてるような、でも、逆に数千円減ってる時もあったりして、まあ、ハッキリ言えば効果ゼロということです、私は、「とにかく3ヵ月やっても効果がなければ元に戻しても構わないので、まずは一度、特売日の販促をやってみましょう」と店長を説得し、「特売日サービス」を実施しました。

結果は、それまで15万円だった売上が、いっきに20万円になったのです。

つまり、ここでの「カンチガイ経営」は、売上絶対額の低いところに着目している点です。いや、もっとズバリ言ってしまえば、**「カンチガイ経営者」は、売れない時間、売れない人、売れない商品に固執する傾向がある**のです。あなたはいかがですか？ 自分では気づかなくても実は「売れない」ものに固執している場合って結構多いのです。

こんなこともありました。ある飲食店では、ある厨房機器のおかげでオペレーション効率を低下させ、むしろ、その機器を使わない方がお客様にも速くおいしい料理が提供出来るような状態でしたので、店長に提案すると「いや、それは分かっていますが、この厨房機器は買ったばかりですから使わないともったいないので」と言うのです。

私に言わせれば、これも立派な「売れない物」への固執です。もちろん、気持ちは分かりますが、使えば使うほど、お客様を不快にするものならば、そちらの方が本当の意味でもったいないのではないでしょうか？

これからは、売れる時間、売れる人、売れる商品に集中した取り組みを行ないましょう。そうすることで、もう一度お店の「ピーク」を再構築していきましょう。

●売上がピークの月に集中的に販促して売上急伸！

この考え方を売上が213%になったお店に照らし合わせると、8月と12月（年間売上1位と2位の月）に意識を集中した取り組みを行いました。年間売上の「ピーク」をさらに伸ばす考えです。

カンチガイ経営者の場合は、「365日売上を伸ばしたい」とか「売れない2月の対策を考えたい」とかと考えますが、それが失敗のもとです。

私は、クライアント先に**「ピークを上げれば、アベレージも上がる」**ということを伝えています。

その意味は、ピークの売上高が上がることで全体の売上額が増加するという意味だけではなく、この事例のように、ピークの両端にも影響し、さらなる売上効果をもたらすという意味です。

この考えが効果的な理由のひとつに、漠然と365日の売上を上げたいという意識から、目標とする時期を明確にして取り組むことで業務に余裕とメリハリがつくことがあります。

そして、何よりも「売上がリバウンドしない」ことが、何よりも勇気と自信につながっていくのです。もちろん、そのためには、再三になりますが、売れる人、売れる商品に集中することもお忘れなく。

「売上がリバウンドしない」店の秘訣は、「ピーク」と「習客」（私は、来店が習慣になってくださるお客様を習客と呼んでいます）を意識し、そのテーマに邁進しているお店だと言えるでしょう。

そうそう、それと「上限の壁」を作らないことです。

特に、「ピーク」は無限だという感覚をもっていただきたいのです。

客席は2回転が限界だとか、土曜は30万円以上は無理だとか、そのように「上限の壁」を作らないでほしいのです。

あれもやりたい、これもやりたい、あれもやらなきゃ、これもやらなきゃと、日々頭の中で思うだけで、結局、1年を単に日めくりカレンダーをめくっただけのような経営をするのではなく、目標の期限に向かって助走をつけてジャンプしてください。

売上が伸びていく店の目に見えない「勢い」を、なぜかお客様は感じるものです。その証拠に、私のクライアント先では、お客様から「凄いね」「最近どうしたの?」などと声をかけられることが非常に多く、中には、「ここは経営者が変わったの?」なんてことを言われることも一度や二度ではありません。

04

売れない5つの思考回路を撲滅しよう

以前、野村克也元監督が「勝ちに不思議な勝ちあり、負けに不思議な負けなし」という名言を発せられました。これって、野球の世界だけではなく様々な業種にも当てはまる言葉だと思いませんか？　特に、飲食店の場合にもこの言葉はピッタリ当てはまります。

日本全国を駆け回りながら、クライアント先の方と地元の飲食店を利用しますが、連れて行ってくださる方が、「この店は、味が良いわけでもないし、サービスが良いわけでもないし、安いわけでも、ましてや、こんなに汚い店なのに繁盛しているんですよね～」と不思議そうに紹介される店が意外に多いものです。まさに、「勝ちに不思議な勝ちあり」＝「繁盛に不思議な繁盛あり」ですが、そんな中でも特に印象に残っているお店があります。

その店は、岩手のある街の喫茶店です。聞けば、なぜかここだけが売れているというので、早速行ってみると、お世辞にも美人とは言えない（失礼）ママ…、というよりも田舎のおばさんがカウンターに立っていて、そのカウンターには、ママの老眼鏡、正露丸、ティッシュペーパーの箱、食べかけのおせんべいなどが無造作に置かれていて、騒音がするので後ろを振り向くと、なんと営業中に掃除機をかけているのです。私は、方言丸出しで眠そうなママの緊張感のない表情に思わず苦笑してしまいました。

そして、気づけば確かにお客様がいっぱい入っているのです。「繁盛に不思議な繁盛あり」と言ってしまえばそれまでですが、私は、掃除機の音をBGMにし（笑）カウンターの老眼鏡をじっと見つめながらしばし考えました。そうだ！　その光景は、お客様をおもてなす喫茶店ではなく、まるで「おふくろがいる実家のリビング」のような不思議な空気なのです。

ただ、ここで大切なことは、この「不思議」＝「例外」だということです。「普通」のお店が、老眼鏡、正露丸、ティッシュペーパーの箱、食べかけのおせんべいをだらしなく並べていたら、やはりそれはアウトですよね。

野村元監督が言う「勝ちに不思議な勝ちあり、負けに不思議な負けなし」という言葉には、（不思議な勝ちに惑わされず、本質的にやるべきことをしっかり見据えなさい）という意味も含まれているのではないでしょうか。

さすがに、この喫茶店の真似をするところはないでしょうが、最近は、飲食店においても、独特のパフォーマンスや根性試しの儀式のような行為がもてはやされ、その表面だけを真似しているお店がいっぱいあってガッカリしてしまいます。

●「不振店に不思議な不振店なし」

私たちがカンチガイしてはいけないのは、目先のパフォーマンスではなく、『繁盛の本質』を常に見極める力を養うことです。

先ほどの喫茶店を例にすれば、老眼鏡、正露丸、ティッシュペーパー、おせんべい、掃除機の騒音などを真似るのではなく、なぜそれでもお客様が来ているのかを考える必要があります。

そこで、〈アットホームな雰囲気〉というキーワードを見つけたら、自分のお店の雰囲気は堅苦しくないのか？　セカセカとした機械的なサービスになっていないか？　もう少しお客様と向き合う工夫は出来ないのか？　といった自問自答を行なうのです。そこから、自分達が出来ることをみつけていくことが大切なのです。

佐賀にシルバー世代専用の美容室というコンセプトで人気のお店があります。

そこの女性社長に話を聞くと、ハード面だけではなく、心の部分でもバリアフリーな店を目指しているということで、茶菓子の準備や接客における目線の位置、また、「正しい方言」の教育もしているというのです。つまり、標準語では距離感が生まれ、若い子達の方言そのままでも、これまた世代ギャップを生んでしまうということです。

面白いと思いませんか？　何もかもが標準語のマニュアル言葉で統一されているサービス業界で、「正しい方言」の教育をしている店があるんですよ。これなど、さきほどの〈アットホームな雰囲気〉を自らの工夫で店に根付かせている好例です。

では、「負けに不思議な負けなし」についてはどうでしょうか。これも飲食店に当てはめれば「不振店に不思議な不振店なし」つまり、必ず売れない理由があるということです。

●不振店経営者の5つの共通点

では、不振店の一番の特徴は何でしょうか？　私が日本全国のクライアント先をサポートして確信している売れない店の経営者の特徴は、

①「吸収力」が欠如している。

売上が悪いと嘆きながら、その売上が悪い状態を必死になって守ろうとしているかのごとく、いろいろなアドバイスに対しても心から受け入れられないのです。

②売れた時の心配をする。

これは、本当に面白い現象ですが、売れない店の経営者に限って、売れた時の心配をするのです。「もし売れたらオペレーションが乱れる…」「もし売れたら仕込みが大変…」「これ以上売れたら身体がもたない…」等々、私は、開いた口が塞がらない状態になってしまいます。

私はそんな経営者に、「今は売れないで困っているのですよね？　ならば、今は売上を上げることが重要であって、売れた時のことは売れた時に悩みましょうよ」と苦笑しながら言うので

す。私は、このような状態を、本などでも「アクセルとブレーキを同時に踏んでいる」状態だと説明しています。車同様、お店もアクセルとブレーキを同時に踏んだら前には進みません。

③感謝を表現出来ない。

従業員やお客様など、店で出会うすべての人達に対して感謝の心を持てない人、また、感謝の心は持っていても、その表現が出来ない人の所には「人」が集まってこないものです。

④何事も他責にする。

売れない店の経営者は他責の天才です。売れない理由は、国が悪い、町が悪い、従業員が悪い、雨が悪い、物価が悪い…、そして、どこも悪いから仕方がないと考えるのです。

⑤「商人魂」が欠如している。

売れない店の経営者は、すぐにお金を使いたがります。少し工夫をすれば購入しなくてもよい時でもムダな「設備投資」をしてしまうのです。

お金を使うということは、売り手からすれば「お客さん」です。どんな時でも「お客さん」ではなく、「売り手」の心をもつことが大切です。

また、お客様がたくさん来店すると辛そうな顔をするのも売れない店の経営者の特徴です。その空気ってお客様に伝わるんですよね。

いかがですか？　もしかして、あなたにも当てはまる項目があるのではないですか？　この

5つの項目を今一度自問自答してみてください。

そして、勇気をもって、あなたのお店のスタッフにあなたがこの5つの項目に該当していないか聞いてみてください。もちろん、スタッフは「見事に当てはまりますよ」とは言わないでしょうが、スタッフの表情を観察すれば心の内は分かるものです。

そして、あなたのスタッフに対してもこの5つが該当しないか考えてみてください。

あなたのお店のスタッフ全員がこの5つの思考回路から脱した時に必ず繁盛店への道が拓けてくることでしょう。

野村元監督の「勝ちに不思議な勝ちあり、負けに不思議な負けなし」という名言から紐解《ひもと》いてみましたが、「不思議な（例外的な）繁盛店の表面のモノマネをせず、売れない5つの思考回路を撲滅する」姿勢が重要だということです。

逆転の発想で、売れているお店にするには、「売れている理由を作り出す」という考え方で店を変革してみてはいかがでしょうか？　あなたのお店は、なぜ売れている（お客様が減ったと嘆くのではなく、今来ているお客様は、なぜ来てくれているのかを考える）のですか？　その理由を見つけ、作り出し、お客様に伝え切ることから始めてみましょう。

リーダーの「視点」と「思考」が変わらない限り、店の成長はありません。

05

お客様は「エンジョイ」したい。この思いに応えていますか？

私は、北海道から九州まで日本全国のクライアント先を訪問しながら、国内の様々な飲食店を視察していますが、年に数回は、海外の外食事情も視察するようにしています。

そこで感じることは、日本と同様に海外でもお店ごとの優劣がより鮮明になってきていることです。

たとえば、ハワイでは、人気のあるレストランに混み合う前に行こうと17時頃に行ったのですが、なんとその日は予約でいっぱいで、結局、翌日の17時の予約をしました。つまり、私がこのレストランで食事をしようと思ってから実際に食事をしたのは24時間後です。

そうかと思えば、19時頃に行ってもガラガラのお店もあります。

そして、それは一等地においても、路地裏の目立たない立地でも同じ現象が起こっているのです。

これは、日本にも言えますが、一等地であっても売れない店は売れないし、路地裏の目立たない立地でも売れている店は売れているのです。

言うまでもなく、100年に一度の大不況下においても売れている店は売れています。

そして、海外に行くと、何度も耳にする言葉があります。

それは、「エンジョイ」という言葉です。この言葉を耳にするタイミングは、料理を届けてくれた後です。この言葉には、「私たちのお店で私たちの料理と共に楽しいひと時を」という思いが込められています。

「ふ～ん、それがどうしたの?・」と思っている方もいらっしゃるかもしれませんが、よ～く考えてみてください、あなたのお店は、あなたのお店のスタッフは、このお客様への「エンジョイ」という意識を持っていますか? そして、その思いをお客様に伝えていますか? また、あなたがお客様として訪れる様々な日本のお店において、この「エンジョイ」という姿勢を感じたことがありますか?

日本の場合は、料理を届けてから言う言葉は、ほとんど「ご注文は以上でおそろいでしょうか?・」くらいのものです。

もちろん、私が言いたいことは、言葉としての「エンジョイ」だけではありません、それ以上に、「お客様に楽しいひと時を過ごしていただきたい」という思いや姿勢が重要だということです。

お客様は、飲食店に対して《基本的欲求》としては、お腹を満たしに来ていますが、《おいしいものを》《いい雰囲気で》《気の利いたサービスで》《お手頃な価格で》《楽しい会話を》等々の《付加価値欲求》を期待しているのです。

注文どおりの料理を提供して「ご注文は以上でおそろいでしょうか?」で終わるサービスは、お客様の《基本的欲求》を満たしているに過ぎないのです。

お客様をエンジョイさせるという意識よりも、自分達に(お店側に)ミスはないか?という確認の方が優先されているのです。

景気の悪化が叫ばれて久しい今日この頃、そんな中、あるアンケート調査による身近なお金の使い道のナンバー1は「外食」だそうです。

この事実からも、消費者にとって「外食」は、「一番身近なレジャー」であるという私の自論が証明されたと思います。

言うまでもありませんが、お客様が、飲食店に期待しているのは、《基本的欲求》を満たしたいということではないはずです。

お客様は《付加価値欲求》=《つまり、一番身近なエンジョイ》を満たしたいと思っているのです。

私は、海外で何度も耳にした「エンジョイ」の響き、そして、このアンケートのお金の使い道ナンバー1という事実を連結して、「外食は一番身近なエンジョイ」であると頭にインプットしていきたいと思いました。

あなたも、この言葉をインプットして、いま一度自分の店を見つめ直してはいかがですか？　改善の余地は山ほどありそうですよね。

この「エンジョイ」で一番最初に思い浮かべるのは、東京ディズニーランドではないでしょうか？　開業して25年以上経過した現在でも多くの「エンジョイ」を提供し、驚異的なリピート率を誇っています。

もしも、この東京ディズニーランドが、それまでの遊園地と同様に、単に《乗り物に乗るための広場》としてのサービスしか提供していなければ、今日までの集客力はなかったはずです。

時流を見てみても、100年に一度の大不況が一瞬で100年に一度の好景気に転化するとは思えませんよね。ならば、私たちが考えなければならないのは、この不況下でも生き残るための視点と思考、つまり、どこに着目し、それに対してどう考えて行動を起こしていくのかが重要だということです。

これまでの《基本的欲求》視点から《付加価値欲求》視点へのチェンジの時なのです。

私のクライアント先においても、どこもかしこも絶好調というわけにはいきません。中には、短期的に売上が低迷するお店もあります。そんな時にほとんどの店が「来ないお客様」のことばかりを考えてしまいます。そして、目標に満たない売上に気持ちまで落ち込みながら営業をしています。

しかし、そんな暗いお店にお客様が集うでしょうか？　そして、「エンジョイ」を感じるでしょうか？

私はこんな時に、「とにかく、今、来ていただいているお客様に目を向けてください」「そしてそのお客様の満足度を満たすことに一生懸命になってください」とアドバイスをしています。

お客様は、暇そうなお店を見つけて「何とかこの店を助けてあげよう」と思って来店することなどないのです。また、お客様は、「この店の客単価を上げてあげよう」とか「客数ＵＰに貢献しよう」とかの思いで来店していないのです。そんなお店側の思惑など知ったことではないのです。

●自分たちのことや、自分たちのエンジョイばかり考えるカンチガイ

お客様は、あなたのお店に「エンジョイ」しに来ているのです。

それなのに、あいかわらず自分たちの思惑ばかりを優先させて店を運営している経営者が本

当に多いのです。

それは、まさに、カンチガイ経営そのものなのです。

私は、カンチガイな経営者に、手を変え品を変え、表現を変えて、アドバイスをしていくのですが、時として、まるで「経営うつ病」のようにネガティブ発想から抜け出せない人もいます。一生懸命に、自分の苦労話をし、自分自身が努力していない言い訳を語ります。

そのような場合、私は、あえて厳しいことも言います。

「それが何だ？」「それがどうした？」そういう人に限って、最後は、「どうして売れないのでしょうか？」「このままでは飯が食えなくなります」なんて泣きごとを言います。

ハッキリ言います。お客様は、あなたに飯を食わせるために来ているのではありません。お客様は、自分がおいしい飯を食いに来ているのです。

自分の飯を食うことばかり考えている店に、お客様が集うわけがないのです。

まあ、そう考えて、周りのお店を見ても、私たちが日々消費者としてサービスを受けている状況は、〈ありきたりな接客〉〈感謝の表現の乏しい接客〉のオンパレードです、ひどいものになれば、〈無愛想な接客〉〈横着な接客〉をいっぱい体験してきています。ほとんど横並びのありきたりな接客ですよね？

これってチャンスだと思いませんか？　どこもかしこもありきたりな普通の接客をしている

わけですから、ちょっと気の利いた対応をすれば、すぐに一歩抜き出たサービスとしてお客様に感じていただけるはずです。

あなたもこれを機に、店舗運営の最優先の視点と思考に「エンジョイ」という言葉を刻んでみませんか？

そこから見えてくる新たなる課題こそが、これから取り組むにふさわしいテーマであるはずです。

ただし、注意しなければならないのが、夢の押し売りをするようなサービスではいけません。まるで、お客様よりも自分たちが「エンジョイ」しているのではないかと思われるようなお店を、時々見かけますが、言うまでもなく、「エンジョイ」していただくのは、お客様です。そして、そのお客様の「エンジョイ」を自分たちの「エンジョイ」に出来るお店を目指すのです。

私のクライアント先の話ですが、そのお店は、大阪で鉄板&フレンチのお店を7年間営業してきたのですが、ここ数年売上が低迷し、めっきり自信をなくしてしまっていました。

彼は、いわゆる「カリスマシェフ」を目指し、カッコイイお店を作ろうとしていたそうですが、それは、お客様ではなく、自分自身の「エンジョイ」でしかなかったのです。

●お客様のエンジョイを第一に考えよう

そこで、そのような独りよがりの「エンジョイ」を脱し、お客様の「エンジョイ」を目指したコンセプトリニューアルを行なったのです。

結果は、すぐに現れ、クリスマスを除く、1日最高売上を更新し、2年ぶりに前年をクリア、そして、前年の114%にまでなり、やがて、150%を超える繁盛店になっていきました。

その結果報告のメールが私に届いたのですが、彼のメールの最後は「明日も頑張るぞ〜!」という言葉でした。

私はこの言葉が何よりも嬉しかった。なぜなら、彼は、どんどんと下がっていく売上と直面しながら少し自信を失いかけていました。「このままでよいのだろうか?」「自分を変えなければいけない!」と。

私は、数字を上げることと同じくらいに、彼が自信を取り戻すことが大切だと思っていましたが、お客様の「エンジョイ」を優先したからこそ、彼も自信を取り戻し、仕事を「エンジョイ」出来る心を持ち直したのです。

あなたにも本当の意味での「エンジョイ」が訪れることを願っています。

06 飲食店で重要な「率」は原価率ではなく「価値率」

先に、「来店予算率」という佐野ワードをお伝えしましたが、私は、このように独自の視点と思考から新しい言葉をたくさん生み出しています。なぜ、そうするのかというと、従来の言葉（考え方）では、新しい発想が生まれてこないということ、そして、逆に、新しい発想をした場合には、それにフィットする言葉がないからです。

そして、あなたにも、ぜひ再認識していただきたいのが、この外食業界に蔓延《はびこ》る考え方や言語のほとんどが、お客様側の視点ではなく、お店側の視点に立ったものだということです。

お店側の都合だけではお客様の満足は得られないことに多くの飲食店が気づいてきています。しかし、頭で理解していても、考え方や言語そのものが従来のものであれば、結局、同じような行動、そして同じような結果しか生まれないのです。

「客単価」という言語も同じです。ここからの思考は、ほとんど（客単価を上げるためには、一品単価を上げるか、一品多く買ってもらう）というものです。

しかし、これはお店の思惑であって、実際にお金を払うお客様の視点ではないのです。先にもお伝えしましたが、お客様には「来店予算（お客様が店に対してあらかじめ描いている予算）」があり、その「来店予算率（来店予算に対し、実際に支払われた料金の比率）」を上げることが「客単価ＵＰ」につながるのです。

●1500円のメニューでも1200円程度の価値と判断されたら、価値率80％

ではその「来店予算率」と同じくらいに重要な、もう１つの「率」についてお話しましょう。これも「佐野ワード」ですが、「価値率」という考え方です。これもまた私の独特の言語ですから説明を加えます。「価値率」とは、お客様が注文した料理の内容に対して、実際にいくらの価値を見出してくれるか、そして、その価値価格と実際の価格から割り出すものです。

たとえば、お店で１５００円のランチがあったとしましょう。そのランチに対してお客様はいくらの価値を見出すかということです。仮に、お客様が「１２００円程度だな」と思ったら、このランチの価値率は、１２００÷１５００＝80％ということになります。

いかがですか、あなたは自分が提供している料理の「価値率」を把握《はあく》していますか？ほとんどの方が料理に対して気にかけている数字は？と質問をすると「原価率」と答えるでしょう。でも、考えてみてください、これもまさにお店側の視点以外の何者でもないのです。

原価率を下げることばかりに気を取られて、もっと重要なお客様の「価値率」を大幅に下げていることに気づかない飲食店が多過ぎます。

原価率だけを見れば、誰だって低い方がよいのですが、この原価率の裏には、お客様の「価値率」があるのです。極論ですが、お客様にとっては原価率など関係ありません、自分が注文した料理が金額に見合う内容かどうかという「価値率」こそが重要なのです。

是非、あなたのお店のメニューの「価値率」を客観的な視点で出してみてください。

スタッフを集めて、自分のお店や競合店の「価値率」を出し合ってみるのもよいでしょう。間違いなく、「ほとんどの繁盛店」＝「価値率が高いお店」という方程式が成り立つはずです。決して、「ほとんどの繁盛店」＝「原価率が低いお店」ではないはずです。

この2つの「率」を整理してみましょう。客単価を上げ、客数を増やしたいという飲食店の最大の目標を達成するには、「価値率」の高いメニューを提供し、お客様の「来店予算率」を意識した提案を心掛けることがもっとも重要だということです。

逆に言えば、その2つの「率」でお客様が満足するのであれば、「原価率」なんて10％でもよいということです。（笑）

いえいえ、これは、冗談や笑い話ではありません。実例をお伝えしましょう。私は、あるクライアント先のお店でキャベツを使った簡単なメニューを提案しました。一皿の原価は、せいぜい10円程度（季節で多少変動しますが）、これを200円程度の値段で売り出しました。

するとどうでしょう、これが店長もびっくりするくらいにお客様の評判になり、「うまい、うまい」と言って、何度も追加注文をされるほどの大ヒットになったのです。客単価3000円ほどのこのお店で200円という価格は、絶対価格として考えれば安いメニュー（実際にこの店で一番安い）であることが、気軽に注文出来るポイントになったようです。また、ほとんどが肉料理のこのお店において、キャベツは口と胃に優しいメニューでもあるのです。

何度も追加をされ、おいしいと評判のこのメニューは、「価値率」100％、いや、100％を超えているかもしれません。では、原価率はどうでしょうか、そうです、10％どころか、実に5％ということになります。

仮に、3000円の料理の原価率が35％だったとします。そこで、この200円のメニューを買われると、売上は3200円となります。

すると、売上は、プラス6・6％、原価率は、マイナス1・9％ということになります。

このように、お客様の「価値率」や「来店予算率」を意識すると、経営数字の本質が好転してくるのです。

最近、いろいろな飲食店の方と話をしていて、困ったものだなと思うことがあります。

それは、「飲食店の原価率の基準は？」「飲食店の人件費の基準は？」といった質問が非常に

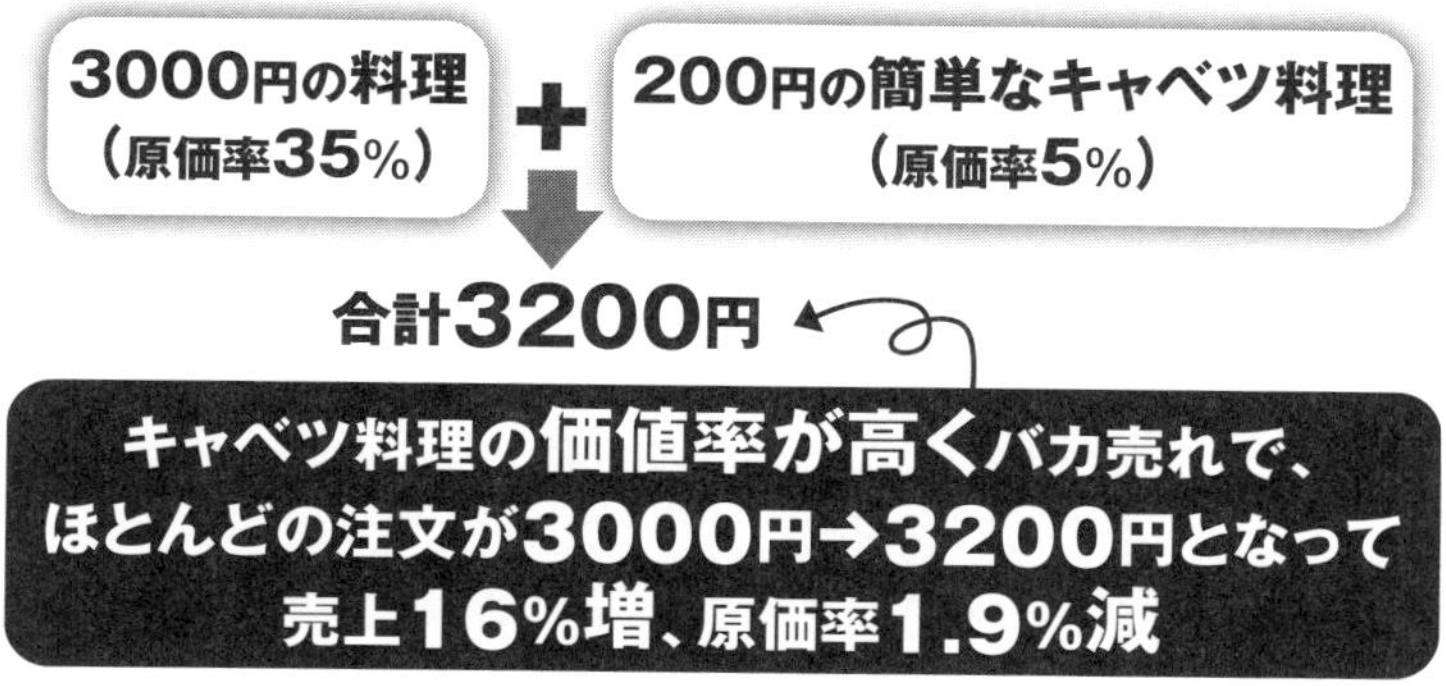
3000円の料理
（原価率35%）
＋
200円の簡単なキャベツ料理
（原価率5%）
合計3200円
キャベツ料理の価値率が高くバカ売れで、
ほとんどの注文が3000円→3200円となって
売上16%増、原価率1.9%減

多い点です。私はそんな質問をされると必ず、「ありません」と、キッパリ答えるようにしています。

それは、世の中の飲食店の平均的な原価率がいくらだろうが、平均的な人件費率がいくらだろうが、あなたのお店にはまったく関係ないからです。

そして、私はそのような質問をした人に逆に「あなたのお店の原価率の基準は？」「あなたのお店の人件費の基準は？」と逆に聞いてみると、ほとんどが、自分のお店の基準を知りません。

もし、このような人が自分のお店の基準を知らないから、飲食業界全般の平均値を知り、参考にしようと、私に質問をしているのならば、なおさら間違っています。

私が実際に関わったお店でも、年間3億円近い売上のお店から、一日5万円程度の売上のお店まであります。日本全国でいえば、さらに幅広い売上格差があるはずです。

また、業種や立地環境なども様々です。売上が何百億あっても赤字のチェーンもあれば、月商200万円で黒字の店もあります。それなのに、すぐに「基準は?」と質問をする店長を見るとがっかりしてしまいます。ひどい人になると、「うちの売上が悪いので、よその店にも聞いてみたら、どこも悪いので安心した」なんて平気で言う人がいます。

本当によそが悪ければ、自分のところも悪くてよいのでしょうか?

このように、私達はもっともらしく、実は大きなカンチガイをしているのです。カンチガイ経営は、「既存の思考×既存の基準」から生まれることをお忘れなく。

カンチガイ経営は、まだまだあります。

特に地方のお店で、口を揃えたように同じ言葉を耳にします。

それは、「この地方では○○です」「うちのお客さんは○○です」という断定した言葉です。

現在は、「十人十色」の時代から「一人十色」と言われる時代です。ましてや、情報のスピードは計り知れないものがあります。

そんな中で、お客様を「一色」で考えないでほしいなあと思います。少なくとも、お客様は無数の飲食店の中からセレクトしています。なのに、お店側がお客様を「一色」としてしか分析出来ないのであれば、時代に取り残されてしまうのは言うまでもありません。

07 「足し算」と「引き算」が出来ない店が多い

「足し算・引き算」の話をします。

もちろん、算数の足し算・引き算の勉強ではありませんよ。（笑）

日本全国の飲食店をサポートしていると気づくのですが、ほとんどの店がこの足し算と引き算をカンチガイしているのです。

最近は、健康を考えてサプリメントを服用している人も多いですが、このサプリメントも基本的には、ビタミンなど、不足しているものを補う（足し算）か、カロリーなどの過剰なものを抑える（引き算）作用が目的です。

では、この足し算と引き算を間違えて、ただでさえ少ないビタミンを引き算し、ただでさえ摂りすぎのカロリーを足し算したらどうでしょうか？　たちまち身体のバランスを崩してしまうでしょう。

このようにサプリメントなどを例に出すと（そんなの当たり前じゃないか）と思うことが、

なぜ、飲食店の現場では足し算と引き算を間違えてしまうのでしょうか？　それは、本当の意味での「お客様の視点」になっていないからです。

たとえば、売上が悪いから売価を上げようと〈足し算〉をしたとします。

確かに店のことだけを考えたら、客数減を売価増で補うということはとても効果的なサプリメントかもしれませんが、お客様の立場からすればどうでしょうか？　単純な値上げは、来店客の減少（引き算）になってしまうわけです。

すべてが当てはまるとは言えませんが、店本位の足し算は、かなりの確率でお客様にとって引き算になってしまうということを覚えておいて下さい。

●値下げをしたのに、客単価・売上がぐんと上がったケースの足し算と引き算手法

私がサポートしている博多のカフェを訪問したところ、女性スタッフからなんとも不思議そうな顔をして「佐野さん、ちょっと質問をしてもいいですか？」と言われました。

ここは、メニューを一新し、それが功を奏して売上・客数が急増している店なので、何か新たな問題でも起こったのかなと心配して話を聞くと、「メニュー一新の際に、佐野さんから価格の見直しもアドバイスされましたよね。私たちからすれば、こんなに値下げしたら客単価が下がって売上も下がってしまうのではないかととても不安だったのを覚えています。ところ

が、実際にふたを開けてみると、客単価が下がるどころか、20％近く客単価が上がっているんです。計算の間違いじゃないかと何度も見直しましたが間違いありませんでした。

でも、どうして売価を下げたのに客単価が上がるのですか？　本当に不思議でしょうがないのです」と、本当にキツネにつままれたような顔をして話すのです。

実はこの展開、コンサルタント冥利に尽きる展開なのです。（笑）

なぜなら、お店がイメージしているよりはるかに上の効果を出しているわけで、まさに「してやったり」の気分です。

私はこのような「してやったり」を体感するためにこの仕事をしていると言っても過言ではありません。時には、私の予想さえもはるかに超えて、売上が2倍になったりするようなこともありますが、それは、「してやったり」どころではなく、武者震いするような興奮です。

このカフェは、最大で20％ほど売価を下げたものもありますが、全体の感じでお伝えすると、ランチにおいては「商品価値」の足し算を行ない、サイドメニューに関しては気軽にオーダー出来るように「売価」を引き算しました。さらには、食事やデザートと共に飲むドリンクに関してはサービスとして「売価」を引き算しました。

また、メニュー数は、メニュー分析を行ない50％ほど引き算し、残す50％のメニューに関しては、ランチ同様にすべてを見直し、「売価」を引き算するか、「商品価値」の足し算をして、

お客のニーズに合わせて「足し算」「引き算」することが大切

新メニューを20%足し算しました。

いかがでしょうか？　見事な算数だと思いませんか？

でも、私はそもそも算数が嫌いな人間ですから、むやみに足したり引いたりするのは嫌いです。しかし、あえてこれだけの足し算・引き算をしたのは、このカフェの健康を保つための最良のサプリメントとして必要不可欠だったからです。

逆に、お客様の立場から言えば、無駄なカロリー（高い売価）を押しつけられ、必要なビタミン（商品価値）が圧倒的に不足していたわけで、そのような不健康なお店に何度も通う気はしないでしょう。

私は、女性スタッフの摩訶不思議顔の質問にこのような流れを分かりやすく説明したところ、「あれっ、そのお話って、今回のリニューアル前にも話されていましたよね。私、その時はなんとなく聞いていましたが、このことを言われていたんですね」と笑顔で話してくれました。

私は心の中で（ちゃんとその時に私の話を足し算しといてよ）と思いましたが。（笑）

さらに、このお店には続きがあります。このお店は私がサポートするまで朝が8時オープンでした。そして、モーニングのお客様は少なく、10時30分くらいからボチボチお客様が来店されるということでした。

私は、スタッフを集め、「売上意識が低い」ということと、朝7時からのオープンを提案しました。

するると、経営者サイドからは、「スタッフの確保が出来ないかもしれない」、スタッフからは、「どうせ売れない時間を早く開けるより、夜を1時間延ばしたほうがよいのでは？」との意見がありました。

私は、「売れない時間じゃなくて、モーニングのピーク時間を過ぎてからオープンしているのではありませんか？」と伝えました。

つまり、モーニング客がいっぱいいるおいしい時間を他の競合店に「どうぞどうぞ」と提供して、その残り客をのんきに8時から取り込もうとしているのではないかということです。

私は、渋る経営者とスタッフを抑え込み、「約3週間後から7時オープンにしましょう」と、なかば強引に話を進めました。お店は、やると決まったら、なんだかんだ言いながらもその方向に進むもので、「私は7時からでも大丈夫です」なんてことを言ってくれる子も出てきました。

さてさて、3月に営業時間を足し算したこの店のモーニングはどうなったでしょうか。あなたも予想してみてください。（答えはのちほど）

さて、今回のテーマ「足し算・引き算」を少し整理しましょう。

足し算・引き算のポイントは、お店の都合の足し算・引き算では、むしろ状態は悪化してしまいます。

そこで、店の事情や都合を一度頭から完全に消して、100%お客様の視点から、各々のテーマを見つめなおすことが大切です。

経営者と話をするといかにこのことが難しいのかを痛感します。経営者が語る自己分析や商圏分析は、思わず笑ってしまうほど偏った思考回路なのです。

少し前に実際に聞いた話ですが、「この商圏は、東京と違ってもうこれ以上売上は伸びないんです、だから、私は売価を上げて、原価を下げることだけをこの3年間考えてやってきました。私がもしそうしていなかったら、もっと厳しい状況だったでしょう」という経営者がいました。

この店は、3年間前年売上を一度も越えることはなく、むしろ激減し、とうとう3年前の60%を切るところまで状態は悪化しているのです。

このままではいけないと私にご相談をされて、最初に言われた言葉がこれです。本当にこの商圏では売上が伸びないのでしょうか？　むしろ、この経営者が自慢している、売価を上げ、原価を下げたことが売上40%減の原因ではないでしょうか？

●商売の足し算・引き算の判断軸を間違えないこと

つまり、足し算と引き算を完全に間違っているわけです。商売は、右か左、足すか引くか、上げるか下げるかのように、直面する判断軸は非常にシンプルです。しかし、そのたった2つの別れ道には必ず貧乏神が囁くのです、「仕方ないから値上げすればいいじゃん」「しょうがないから質を下げて原価を落とそうよ」ってね。(笑)

さてさて、先にお伝えしたカフェのモーニングは、前年対比何%になったかという問題の答えですが、これが実に、前年の253%になったのです。

約2・5倍ですよ！　この厳しいご時世なら、前年の110%だって上等ですよね？　それが「なんと253%！　253%ですよ！」思わず、声のトーンが、ジャパネット高田の社長さんになってしまいそうです。(笑)

飲食店では、「足し算」と「引き算」を間違わないことが、成功の秘訣と言えるでしょう。

08 繁盛店には、強力な「フェイス」がある

いかがでしょうか？　ここまでお読みになって、「自分は随分カンチガイしていたなあ…」と思われた方も多いと思います。

ただ、注意してほしいのは、「自分は大丈夫」＝「店も大丈夫」とは限らないという点です。

飲食店の社長や店長の中には、「自分は分かっている」けれど、「従業員のレベルが低い」から「売上が厳しいです」と言う人がいます。

まさに、カンチガイ経営者です。店も、従業員も、リーダー（経営者）の鏡です。

そのことを念頭に入れて、続けてお読みください。

●「フェイス」（お店の顔）なき飲食店に繁盛なし

私は、いろいろな表現の場で、「不況下においては、トントン、ボチボチ的な状態ではなく、圧倒的な勝者と壊滅的な敗者の二極化になってしまう」ということを伝えています。

そして、今、飲食業界を見渡してみても、やはりこの傾向は顕著で、前年比130%、150%の店があるかと思えば、前年比60%、80%の店もざらにあります。まさに、「100対0状態」なのです。

さらに気をつけなければならないのは、そういった業績を受けての「影響イメージ」です。売れている店は、店もスタッフも、イキイキと輝き、頼もしく力強い「フェイス」になり、逆に、売れていない店は、それまでの覇気《はき》を一気に失ってしまったような弱々しい「フェイス」になっています。私がいう「影響イメージ」とは、このことを言っているのです。

つまり、売上を落としている店は、店そのものの覇気を失ってしまう場合が非常に多いのです。長期的な目で見た場合、売上が落ち込んだことよりも、それによって店の覇気が失われたことの方が、よほどやっかいな問題になってきます。お客様は、そんなお店の空気を敏感に察知し、次にどのような行動に出るかというと、選挙でもよく言われますが、「勝ち馬に乗る」という心理が働くのです。

お客様が、より繁盛している店に行くようになるわけですから、売れていない店にすれば、たまったものではありませんね。

プロ野球の野村克也元監督は、「中心なき組織は機能しない」という自論をお持ちですが、飲食店においては、「フェイスなき飲食店に繁盛なし」と考えてよいのではないでしょうか。

「フェイス」とは、その名の通りお店の「顔」です。それは、大きく「料理」「サービス」「店頭」の3つと考えればよいでしょう。つまり、この3つのフェイスがしっかりと機能しているか、そして、力強いオーラを発しているかが飲食店の生命線です。

では、まず、「料理フェイス」について説明していきましょう。飲食店である以上、料理の美味しさはとても重要な成功ポイントです。

しかし、ここでいう「料理フェイス」とは、全体的な料理の美味しさではなく、店の中心メニュー、看板メニューの存在を指しています。料理の4番バッターと考えればよいでしょう。そのメニューは、「実力」（美味しさ）と「実績」（販売個数）を兼ね備えていなければなりません。

時に、飲食店の中には、摩訶不思議なメニューがあります。お店からすれば、たいして自信もないけれど、なぜか売れているメニューなどがそうです。しかし、このようなメニューを「料理フェイス」にしていると、そのレベルで店そのものを低く判断されてしまうことがあります。

実際に、そのような店を何度も見てきましたが、「売れているから」という理由で何の改善もしない店がほとんどです。そして、売上は下降の一途をたどっています。

あなたも、自分のお店の自慢のメニューを5つほどピックアップしてみてください。

その選出は、先ほどもお伝えしたように、単においしさだけではなく、ボリュームや値頃感、ユニークさなど、お客様が反応してくださるメニューであるという点がポイントです。そして、その5つの実際の販売個数を調べて、比較してみてください。

その中で一番、「実力」と「実績」を兼ね備えたメニューは何でしょうか？

そのメニューが、あなたのお店の「料理フェイス」の第1候補であるわけですが、様々な角度から見て、自分の店には「料理フェイス」にふさわしいメニューがないと思われた方は、いまから、この「料理フェイス」を考え出さなければなりません。

さあ、どう考えていけばよいのでしょうか？　ここが大切です。私のクライアント先でもこのテーマにぶつかった時に、ほとんどが、「では、もっと原材料の品質を上げようか」「もっと美味しくするにはどうすればいいだろうか」という「思考」をしますが、「思考」段階で大切なことは、まずは、視野を大きく広げて考えることです。

たとえば、「料理フェイス」の場合ならば、「ボリューム」というキーワードもあります。また、「お値打ち」「珍しい」「ユニーク」などの切り口もあれば、「お客様が思わず写メで写真を撮るような料理」「お客様がその料理のことを話す時に形容表現出来る料理」「ブログに書き込みたくなるような料理」というような考え方だってあります。いかがでしょうか？　あなたのお店に「料理フェイス」は誕生しそうですか？

私の考えを裏付けるように、この不況下においても繁盛している飲食店には、共通の特徴があります。

●「看板メニュー」が埋もれ込んでいないか？

それは、「おいしい」という言葉以外で形容出来る「料理フェイス」を持っているということです。付け加えるならば、お店もその「料理フェイス」をしっかり認識し、集中的に訴求をしている店が繁盛しているのです。

これは、とっても重要なことで、飲食店の中には、「あなたのお店の一番人気メニューは何ですか？」「あなたのお店の一番のオススメメニューは何ですか？」という質問に答えてくれたメニューが「捜索願」を出さなければならないような店が非常に多いのが現実です。「捜索願」とは、どんな状況なのかと言いますと、あるお店が、「うちのお店の看板メニューは、手羽先の唐揚げです」と答えてくれました。私は、その手羽先の唐揚げの告知を店頭、店内で探すわけですね。

まず、店頭には「ない」。店内の壁を見ても「ない」。差し出してくれた「本日のオススメ」というメニュー表にも「ない」。はたまた、従業員が「当店のオススメは手羽先の唐揚げです」なんてことも言わない。最後に、メニューブックを見ても見当たらない。私は、とうとう店長

さんに手羽先の唐揚げの「捜索願」を出すわけです。(笑)

すると、店長さんは、苦笑しながら「ここにあります」とメニューブックの1箇所を指してくれました。「えっ、どこに?」私はそれでも見つけられません。

そして、よくよく見てみると、縦30行くらいに書かれたメニュー名と金額の27番目に「手羽先の唐揚げ」とあまりにも控えめに書いてあったのです。

これで、アピールしたい自信作と言えるでしょうか? お店の看板メニューと言えるでしょうか?

言うまでもありませんが、この店だって「手羽先の唐揚げ」を隠しているわけではありません。看板メニューというくらいですから、自信もあれば、人気もあり、もっと売りたいとも思っているのです。しかし、これが多くの飲食店の実態なのです。

●「料理フェイス」で語られる店になれ

この店の「手羽先の唐揚げ」を店長は、「よく売れている」と思っているかもしれませんが、私に言わせれば「ここの手羽先の唐揚げは、今の2倍は売れますよ」ということになるのです。大切なポイントですから、もう一度言いますが、1つのメニューに対して、「よく売れている」と思うのと、「今の2倍は売れる」と思のでは、結果は雲泥の差になってくるのです。

飲食店の繁盛のポイントの1つとして、「料理フェイスで語られる店」ということを覚えておいてください。店の名前は知らなくても、「あそこの手羽先は、一人前がすごいボリュームでさあ…」なんて言われる店です。

まれに、「うちのお店は、メニューの豊富さが特徴だから、看板メニューはなくても構わない」なんていうお店もありますが、私は、そういう店でも、やはり「料理フェイス」は、重要だと考えます。

「料理フェイス」がしっかりあって、他にもおいしいメニューがあるという状態なら「バラエティーメニュー」という店の特徴も活きてきますが、単にいっぱいメニューがあるということでは、それは、「バラエティーメニュー」ではなく、「バラバラメニュー」なのです。

この分析は、大手外食チェーンの業績にも当てはまります。焼肉屋、寿司屋、パスタ屋、蕎麦屋、ラーメン屋、等々、何屋なのかがハッキリしている店、さらには、その中での「料理フェイス」が、明確になっている店がこの大不況下でも健闘しており、逆に、ファミリーレストランのようないろいろなメニューはあっても、「料理フェイス」の弱い店が苦戦を強いられているようです。

また、ファストフードのような「料理フェイス」を作りづらいような業態は、キャンペーンを連発し、期間限定の「料理フェイス」をアプローチしているのです。

09 カンチガイ経営者は、「アベレージ病」に感染している

フェイスの2つめである「サービスフェイス」についてお話しましょう。

これも考え方は「料理フェイス」とまったく同じです。つまり、従業員全員のサービスの平均点（もちろん、それも重要ですが）というよりも、簡単に言えば、店の突出した「看板娘」（絶対に女性だという意味ではありません）の存在が重要だということです。

私のように、日本全国の様々な飲食店を利用していると、経営者の苦労など微塵も察していない軽率な従業員の接客に何度も出くわします。

それは、もう本当に、「あなたのその態度で何人の人が不快になり、この店から離れていっているかを考えたことがあるのか」と怒鳴りたい気持ちになることもあります。

もちろん、逆に、「あなたのお蔭で楽しい食事が出来ましたよ。本当にありがとう」と言いたくなるような従業員に出会うこともあります。

きっと、あなたにも多かれ少なかれ、同じような経験があると思いますが、そのほとんどの

場合、その評価の対象は、その店の中心人物（自分の接客担当者）のはずです。

お客様は、わざわざお店にいる従業員を全員観察してサービスの評価をすることはありません。自分が接した一人の従業員の態度で、お店全体を判断するのがお客様の心理なのです。

もちろん、お店側の視点では、従業員全員のサービス力を強化したい（と言っても出来ていませんが）と思うところでしょうが、お客様の立場では、むしろ、よく気のつく一人の「看板娘」の存在で限りなく満点に近づくということを意識してください…、と話を先に進めたいところですが、ちょっとここは立ち止まって「警告」すべき点があります。

●何事も出来ない方に合わせる低均質化指向＝アベレージ病

ズバリ言います。あなたは知らず知らずのうちに「アベレージ病」にかかっていませんか？飲食店における数字の把握から従業員のレベルまで、何事も「全体」の「平均」ばかりを意識する思考回路を私は「アベレージ病」と呼んでいます。

この病気にかかるとどんな症状が起こるかご存知ですか？　自分では、全体を把握し、全体のレベルをアップさせているつもりでも、知らず知らずのうちに目線がレベルの「底辺」に集中してしまいます。

つまり、接客のよい子を伸ばすよりも、接客の悪い子を少しでもよくしようと思います。

また、数字でも、よい部分をもっと伸ばすより、悪い部分を少しでも改善しようとします。もちろん、そのような改善が無意味だとは言いませんが、今回のテーマである「フェイス」においては、ほとんど意味がありません。

●店の顔となる一人のとびきりレベルの従業員が「サービスフェイス」

繰り返しますが、「フェイス」＝「顔」＝「看板娘」ですから、従業員全員がしっかり挨拶が出来ることよりも、一人の従業員が、とびきりの笑顔で接客してくれることが重要なのです。

そういう話をすると、「いや、まずは基本から…」とか言う人がいますが、私の経験から言えば、そういう人に限って、10年たっても「まずは基本から」と言っている場合がほとんどです。（これも、アベレージ病の症状です）

風邪などのように、高熱が出るとかの自覚症状があればよいのですが、経営の難しいところは、自覚症状が「逆」に出てしまうところです。

つまり、根本的な問題点に気づかずに、むしろ、自分は、正しい経営、正しい指導をやっている素晴らしい経営者だと「カンチガイ」してしまうのです。

人の育成における「アベレージ病」の症状についてもう少し説明しましょう。

言うまでもなく、従業員の資質やレベルはまちまちです。小学校で言えば、小学1年生レベルから小学6年生レベルまでが一緒に仕事をしているようなものです。

そこで、毎日毎日、小学1年生の授業をやっていたらどうでしょうか？ 小学2年生以上のレベルの子は、仕事の求められ方に不満を抱くでしょう。その結果、残るのは、小学1年生レベルの子ばかりになるのです。

つまり、その店は、小学1年生専門の小学校になってしまい、やる気のある2年生以上になると卒業して他のお店に入学してしまいます。

●サービスフェイスは脱・アベレージ病から

あなたのお店にもその傾向がありませんか？

また、この「アベレージ病」は、経営者や指導者の側にも感染します。万年、「まずは基本から」と言って、小学1年生の授業をやっていると、結局は、経営者や指導者の側が「小学1年生しか教えられないレベル」になってしまうのです。

こんな状態のお店は非常に多いですよ。ざっと感覚で言っても、全体の70％くらいは、この「アベレージ病」にかかっているように思います。

私は、「脱・アベレージ病」を強くお勧めします。そうしなければ、「サービスフェイス」は永遠に作れません。苦戦しているお店の原因は、実は、こんなところにあるのです。

さらに、この「サービスフェイス」には、もう1つの重要な意味があります。

それは、お店の中に「サービスフェイス」を作る（育てる）ということは、その他の従業員に対する「お手本」を存在させることになり、従業員全体のサービス力も格段にアップするということです。

つまり、一人の「サービスフェイス」を育てることが、従業員全体のサービス力アップの近道なのです。逆に、接客レベルの低いお店の特徴は、接客を教えるトレーナー（指導者）はいても、この「お手本」がいないのです。

次に、3つめの「フェイス」である「店頭」についてお話しします。

もちろん、「店頭フェイス」での最優先のポイントは、「料理フェイス」をしっかりPRすることですが、もう1つ重要なポイントは、「入りやすさ」をいかに演出するかということです。

暗いより明るくとか、狭いより広くとか、ゴチャゴチャよりスッキリとか、この「入りやすさ」のポイントはお店ごとに異なりますから、それこそ「客観力」が試される部分です。

さらに、この「店頭フェイス」におけるポイントが2つあります。

●店頭フェイスの第一のポイントは「1・2・たく3」の法則

私の本や連載などをお読みの方は、何度か目にされたと思いますが、「店頭フェイス」において、非常に重要なポイントですから、説明したいと思います。

まず、最初が「1・2・たく3」の法則です。これは、お客様への訴求は、あれもこれもと散漫にするのではなく、集中させなければ効果がないということです。1つ、2つならお客様に伝えられますが、3つ以上になると、訴求ポイントがたくさんになりすぎて、結局何も伝わらないのです。

先日も札幌のクライアント先の社長とあるお店で食事をしました。

そのお店（居酒屋）は、「まあ、それはもう、たくさん、たくさん、もうたくさん」というくらいにあらゆるメニューが訴求され「おいしいよ」「おいしいよ」と書かれていましたが、いま思い出しても、何一つメニュー名が思い浮かばないのです。

さらに、店内に入ると、これまたこの世の食べ物を全部書き出したのではないかと思うくらいに、バラバラにメニュー訴求をやっていました。

私達は、思わず苦笑しながら、その店の従業員に少々嫌味をこめて、「何がオススメですか？」とたずねてみると、「全部おいしいですよ」とニッコリ笑顔で答えられてしまいました。

そして、もう参ったなあと笑うしかない私達の目の前を、この店の経営者の奥さんらしき人が東急ハンズの大きな袋を抱えて帰ってきました。

「まさか」私達が顔を見合わせて同じことを想像していると、その予想は的中、その奥さんは、袋からカラーボードのようなものを取り出しながら「さあ、また頑張らなきゃ」と言いながら、太いマーカーペンで新たにメニューを書き始めたのです。

「店頭フェイス」においては、お客様から「もうたくさんだよ」と言われないように「1・2・たく3」の法則をいつも頭に入れておいてほしいのです。

●第2のポイントは、マイナス情報に配慮する「まごの手告知」

そして、店頭フェイスのもう1つのポイントは、これも、私の本では何度も登場する「まごの手告知」です。「まごの手告知」とは、今、店頭で告知しているものから伝わってくる裏のメッセージ（マイナス要素）を打ち消す告知のことです。

たとえば、「松坂牛」という表現には、（おいしそう）という表のメッセージの裏には、「高そう」というメッセージがあります。

そういう場合は、痒《かゆ》いところ（裏メッセージ）をポリポリとかいてくれる「まごの手告知」として、「安さ」の訴求をすると効果的なのです。

あなたも、今一度、自分のお店の店頭に立ち、どんなメッセージが伝わってくるかを確認してみてください。そこで、表のメッセージと裏のメッセージを読み取り、「まごの手告知」をやってみてください。

10 安易な「準備と覚悟」では、飲食店は生き残れない

私がこの本で、あなたに伝えたいことは、小手先のテクニカルな販促手法ではありません
し、最近、流行りの雄叫《おたけ》び系の精神論でもありません。

はたまた、現場を知らない、頭のよい人が書く机上論でもありません。

「現場のど真ん中」で起きてしまう「カンチガイ経営」という不幸から、いち早く脱却してほしいという思いを込めて執筆をしています。

経営者のカンチガイが治らない限り、小手先の販促をいくらやっても、大きな声で未来の夢を語っても、舌をかみそうなマーケティング用語を勉強しても、あなたのお店の業績は向上しないのです。

どうか、そのことを理解し、すべてを「我が事」として脳に叩き込んでほしいのです。そして、今までの「視点」と「思考」を劇的に変えてほしいのです。

いいですか？　では、「準備と覚悟」というテーマについてお伝えします。

●飲食店は自らステップアップのための節目や区切りを作り出す「準備と覚悟」が必要

飲食店は、365日をクルクルと連続して営業をしている場であり、いわゆる「節目」や「一区切り」をつけにくい業界です。

だからこそ、「準備と覚悟」について、しっかりと考え、ステップアップのための「節目」を自ら作り出していかなければならないのです。

たとえ、景気が多少上向いたといっても、ほとんどの飲食店にとっては、安易な販売対策ではお客様は呼び込めないということ。また、中途半端な気持ちで、まずはやってみようというくらいの軽い気持ちで取り組んでも、好結果は出ない状況だと考えるべきでしょう。

いくつか事例を出して説明しましょう。

たとえば、「お店の売上が悪いからチラシを配る」「お客様が減ったからディスカウントをして集客する」等の対策は、いままでならば、よくある販売促進策として成り立っていました。

しかし、景気がなかなか上向かないとなると、そんな安易な思考レベルでの対策はむしろ逆効果になってしまいます。まずは、経営者としてのこのカンチガイに気づくことが先決です。

もちろん、私のクライアント先でも、チラシやディスカウントを行うことがありますが、そのためには、十分な準備を行い、もしも、準備不足ならば、その企画を延期するくらいの覚悟があります。

クライアントの中には、準備不足でありながら、売上が厳しいから早くチラシを入れたいと言う人もいます。

しかし、お客様は「お店が厳しいから」という理由で来店などしないのです。お店側が、（今月の売上が厳しいからチラシを折り込もう）と考えたとしても、お客様にすれば、そんなの関係ないわけですよね。

同じ経費を使ってチラシを折り込むのならば、「お店が厳しい時」ではなく「お客様が動く時」そして、準備万端な時に折り込むべきなのです。

目先の「今日」の売上欲しさに、とにかく早く手を打ちたい気持ちはわかりますが、少し心を落ち着けて、目と意識を見開いて、どのタイミングが、一番効果があるだろうかと考えてほしいのです。それが、仮に2ヵ月後であれば、それまで我慢をすることも大切なのです。

なかには、打ち合わせをして「安易な値引きはしないで、商品力をしっかり伝えていきましょう」と確認をした翌日に、「売上が悪いので値引きしたいのですがどうでしょうか？」と電話してくる人もいます。

私は、そんな電話をもらうたびに、あの打ち合わせは何だったのだろうと首をかしげてしまいます。あなたは、「う〜ん、その経営者の気持ちもわかるけどなあ」と思われるかもしれませんが、私だって、その気持ちはわかった上でお話をしています。ここで考えてほしいのは、このような場当たり的な対策には、「準備と覚悟」がないということです。

飲食店経営者は、1日の売上よりも1週間の売上を、1週間の売上よりも1ヵ月の売上を、1ヵ月の売上よりも1年の売上を、いかに高く着地させるかを考えなければなりません。

売上そのものは、1日1日積み上げていくものですが、経営者の思考回路には、1年の視野、1ヵ月の視野、1週間の視野、1日の視野も必要です。そこで、どうすればより長いスパンでの売上を勝ち取れるかを考えるべきです。

すると、自ずと必要になってくるのが「準備と覚悟」ということになるのです。私は、クライアント先でもこの「準備と覚悟」の話をよくするのですが、どうもその言葉の本質を理解していないと思うことが多々あります。

たとえば、経費をかけてチラシを折り込むかどうかという時にも、私が「準備と覚悟」の話をすると、「わかりました。じゃあ、思い切ってガツンとチラシを折り込みましょう」と言うのですが、これは準備でも覚悟でもありません。

単に、チラシを折り込むことを決めているだけです。そして、チラシの反応が弱いと「せっかくチラシを折り込んだのに…」と、ガックリと肩を落とします。

もう一度言います。こんなの準備でも覚悟でもありません。「準備」とは、このチラシの場合ならば、どのタイミングで、どんな内容のチラシを作るのか、そして、それをどの地域に何枚折り込むのか。また、その折り込みによる影響を予測して、スタッフへの指示徹底を行なうことです。よく見かける悪い例として、折り込みチラシを見て来店したら、目的の商品が早々に品切れしていたり、チラシで景品をあげるといっておきながら、スタッフがそのことを忘れたり、知らなかったり、これらは、すべて「準備」不足なのです。

そして、この「準備」が万全であるときにはじめて「覚悟」が生まれるのです。「準備」のない「覚悟」なんて、勢いで博打を打つようなものであり、この厳しい競争下で生き残るための思考回路ではありません。

●準備を万全にすることで固い覚悟が出来る

また、「覚悟」とは、結果に対して、悔やまないこと、動じないことでもあります。「準備」があるから「覚悟」が出来る。「覚悟」するために「準備」を万全にする。「準備」と「覚悟」は、切り離せない一つの言葉としてインプットしていただきたいのです。

先日も、ある経営者が2号店を出店したいと言ってきました。なんでも、この不況下で閉店を余儀なくされたある飲食店の物件を業者が紹介してきたので、ぜひやりたいと…。そして、目をギラギラと輝かせて（完全に催眠術にかかったような顔で）「いやあ～、なんだか、成功する気がするなあ…」とつぶやくのです。なぜ、そう思うのかと聞いてみると「なんとなく」

「チラシを配る」にもタイミング、地域、枚数、配り方等をよく考え、しっかり準備して行うことが大切。

だそうです。(苦笑)

言うまでもありませんが、このような経営者が失敗する確率は、不況になればなるほどアップします。

「準備」とは、予測されるすべての失敗要因を事前に解決しておくことでもあります。残念ながら、この経営者は、根拠のない「成功」だけを頭に描き、ロープのないバンジージャンプをやろうとしているのです。飲食店の経営者は、なぜか損得勘定の苦手な人が多いのに驚かされます。とにかく、お金を使いたくてしょうがないような人が多いのです。

もっといえば、「お金を使うことで安心したい」という感覚をもっているのです。これは、本当にカンチガイ経営です。

「準備」と「覚悟」の意識を持っていない経営者は、それこそ、なんとなく上手くいっている時期はあっても、そのまま最後までなんとなく上手くいくほど甘い世の中ではありません。

結局、「準備」と「覚悟」の意識のない経営者は、やがて失敗する日に向かってなんとなく突き進んでいるようなものなのです。

11

やってもムダ…のカンチガイ会議の改善を

カンチガイ経営の集大成を見る場……、私にとって、いつしか、飲食店がやっている会議やミーティングが、そんな場所になってしまいました。

私は、日本全国のクライアント先を訪問し、何度も、会議やミーティングにも参加していますから、今回は、事例を交えながら、「脱・カンチガイ会議」を解説したいと思います。

まず、私が、いろいろな会社やお店の会議やミーティングに何度も参加して感じることは、「時間がもったいない無意味な会議」「むしろ、スタッフのやる気を削いでいるような会議」がほとんどだということです。

その光景は、「経営者のマスターベーション」であり、「経営者の弱い者いじめ」であり、まさに、経営者のカンチガイ会議そのものなのです。

中森明菜さんの歌に「飾りじゃないのよ涙は」という歌がありましたが、私はそんな会議に出るたびに、「遊びじゃないのよ仕事は、ハッハア」「ゲームじゃないのよ経営は、ホッホ〜」

と歌いたい気持ちになるのです。（苦笑）その点を、いくつかの事例を交えながら解説していきましょう。

まず、「一心同体」という言葉がありますが、カンチガイ経営者は、組織は「一心同体」として見られているという意識が完全に欠如しています。

こんなことがありました。ある会社（飲食店）を訪問し、店長会議が行なわれる会場に向かう社長さんの車の中での会話です。

社長さんが、いきなり「佐野さん、今日の会議は、A君がどんな言い訳をするか楽しみにしていてください」と言うので、「どういうことですか？」と尋ねると、「2ヵ月ほど前から、ある問題がありまして、私は、A君がそれをどうするのか、じっと観察していたのです」「そして、他のスタッフからも事情聴取をして、A君が何もやっていない証拠はつかんでいます。だから、今日の会議でA君がどんな言い訳をするか楽しみです」と、（俺って鋭い経営者でしょ？）と言わんばかりの顔でニタッと笑うのです。

さらに、私が「その問題は、お客様や他の従業員にもご迷惑をかけているんじゃないですか？」と尋ねると、「そうですよ。A君はお客様や従業員に迷惑をかけているという自覚がまったくないのです」「だから私は頭にきているのです」と、興奮しながら言います。

もうお分かりだと思いますが、私がいう、カンチガイ経営者は、組織は「一心同体」として見られているという意識が完全に欠如しているという意味は、このような状況を指しています。

言うまでもなく、会社やお店は、A君の教育のための舞台ではありません。また、問題の本質はA君にあったとしても、結果（この場合は、お客様や従業員に迷惑がかかっている）においては、「一心同体」、経営者に責任があります。

問題を2ヵ月もじっくり見ている場合ではないのです。

ひどい経営者だなあと、あなたは思われるかもしれませんが、店長会議やミーティングの中身もほとんどの会社が同レベルの状態であることを付け加えておきます。

●カンチガイ会議から、本来あるべき経営会議の取り組み方は

これも、具体的な事例で説明しましょう。私が参加した会議やミーティングの中身は、99％「他人事の結果いたぶり型会議」なのです。

最初に経営者が、

①「現状の厳しさを語り、何とかしろ」と力説します。

②次に、各店長が、先月の結果を発表します。（その際、ほとんどの場合、業績の悪い店の店長が「何やっているんだ」と吊し上げられます）

③そこから先は、あちこちと話が脱線しながら、「とにかく、経営者になったつもりで売上を上げて、経費を下げろ」と社長の檄が飛び終了です。

いかがですか？　あなたの会社も同じような会議やミーティングになっていませんか？

この場合の何よりも大きな「カンチガイ」のポイントは2つあります。

まず、「結果をどんなに叱っても、その結果は変わらない」ということを理解していない点です。

そして、2つめは、「結果は、一心同体。全員に責任がある」というスタンスになっていない点です。

つまり、ほとんどの会議が、悪い数字を並べて、部下に対して「あんた、この数字どうしてくれるんだ」と脅しているだけなのです。

本来ならば、その悪い結果が出る前に、何をやるべきかを共に考えることが大切であり、1ヵ月前の数字を話し合うのではなく、最低でも、2～3ヵ月先の対策を話し合うべきです。

そして、その対策を現場が取り組んでいなければ、来月の会議まで待って叱るのではなく、すぐさま現場に行って指導するべきではありませんか？

そうやって、必死になって取り組んだこと、そして、少しでも数字を動かせたことを会議の中で「よくやったな」と労をねぎらうくらいでなければ会社や店は変わりません。

そして、それでも目標を下回ったら、すべてを部下の責任にするのではなく、「あと、どんな行動が足りなかったのか？」を一緒になって考えていくのです。

これは、コンサルティングを行なっている私にしても同じです。実際に、店を訪問した際に、「結果」に対しては、「分析」をするだけで、残る99％の時間は、常に、先の取り組み内容を話し合っています。

もちろん、約束した取り組みを100％やっていない場合だってありますが、だからと言って、そのことを叱る時間があるのならば、その状態を前提とした新たな取り組みを計画することの方が重要なのです。私は、この考え方を、いつも車のナビにたとえて話します。

●リーダーは車のナビと同じ、部下がコースを外れたら新ルートを探し提示し続けるべき

ご存じのように、車のナビは、目的地を登録すると、到達までのルートを検索してくれますが、時に、そのルートから外れる場合があります。

そんな時、車のナビは、その外れた場所から目的地までの「新しいルート」を検索してくれますよね。リーダーや指導者には、この「新しいルートを検索する力」＝つまり、従業員がどんなにルートを外れても、最後までゴールをあきらめず、道筋を提示し続ける能力と器が必要なのです。

従業員は、何かしらの理由で道に迷い、どの道を進めばゴール出来るのか分からなくなっているのです。

そんな時に、「何やってんだ！」「しっかり進め！」と怒鳴っても、決してゴールに到達は出来ません。

そんなことを考えれば、朝から晩までの延々とした会議が本当に必要でしょうか？　怒鳴り散らして、ガックリと落ち込ませた従業員が、その後にやる気を持って仕事に取り組めるでしょうか？

カンチガイしないでいただきたいのですが、私は、従業員に優しくしろと言っているのではありませんよ。むしろ、もっと厳しくしなさいと言っているのです。

考えてみてください、従業員は、結果を叱られても、その結果は変わらないのですから、ただうつむいて、怒りの嵐が過ぎ去るのを待つしかありません。

そして、会議が終わったら、（はあ、やっと終わった）とため息をつきながら帰っていくという、これを毎月繰り返しているだけではありませんか？　そんなもの、何も厳しくないでしょう？

漫画「ドラえもん」で、音痴のジャイアンの歌をみんな聴きたくないけれど、ジャイアンが恐いので、じっと我慢して、最後に拍手するシーンがあるのですが、これって、どこかの会議

にそっくりではありませんか？（笑）

「結果が出る前の状態」で、何を取り組むのかを話し合い、すぐに、その取り組みが行なわれているかを「現場に出向いて確認をする」、そして、その進捗状況に応じて、新たな道筋を何度でも提示し、どんなことがあっても、リーダーがゴールを諦めない姿勢を示し続ける。

それが、部下に対しての本当の厳しさではありませんか？　ジャイアンの音痴は、漫画の世界ですから笑って済ませられますが、私たちは、リアルな経営者なわけです。経営音痴（カンチガイ経営）であってはならないのです。

出来れば、会議に多くの時間を費やすのならば、逆に、経営者や指導者が店に出向き、個店別の細かな対策を練った方がよいでしょう。

私は、最近、動きの鈍いクライアント先に「道草している場合ではないですよ」と言います。目の前に、進むべき目的地までの最短ルートを提示しているのですから、本当に、道草している場合ではないのです。

あなたも、これを機に、会議・ミーティングの進め方を根本的に見直してみてはいかがでしょうか？　道草している場合ではないですよ。

12 景気や天候が原因ではない、売れないお店の「真犯人」

言うまでもありませんが、私の仕事は、売上が低迷しているお店の「カンチガイ経営」部分を見つけ出し、そこから脱出させることですから、私自身の思考軸がブレたり、少々のことで落ち込んだりするわけにはいきません。

しかし、そんな私でも、時に、かなりのショックを受けることもあります。

●ショックを受けたある指導経験

題して『売れないお店の真犯人』という実話です。

そのお店（A店とします）は、赤字経営が続き、自力で、あれこれと手を打ってみたものの、業績はいっこうに回復せず、（本人曰く）藁《わら》をもすがる気持ちで、私にコンサルティングの依頼をされました。

初回の訪問の際には、売上の落ち込みによって心が病んでしまい、夜になると胸が痛み、薬を飲んで眠っていることも打ち明けてくれました。

当然、何とか力になりたいと思い、時間の許す限り、精一杯のサポートをしてきました。

メニュー内容を一新し、メニューブックも全面的に変更し、店内の古臭い印象も極力お金をかけずにイメージチェンジすることが出来ました。

私のコンサルティングのセオリーは、「【習客】（お客様の来店が習慣になること）出来る状態になってから、【集客】をする」というものです。

つまり、まずは、新規のお客様が来店されて、「また来たい」と思われるような状態を徹底的に作り出していくのです。

これが出来ていない状態で、【集客】活動を行なっても、必ず、売上がリバウンドして下がってしまいます。

逆に、【習客】→【集客】の手順を踏んで売上拡大に成功した店は、いわゆる「高め安定状態」を保っています。

たとえば、私のサポートによって、売上が倍増したお店は、その後も、「高め安定」を継続し、倍増した昨年の数字を、さらに7％上乗せし、倍増前の売上対比では、実に214％になっています。

もちろん、A店においても、しっかりと【習客】→【集客】の手順を踏み、いよいよ【集客】段階に入ったと考え、ここ1年ほど、全国のクライアント先で驚異的な成果を出しているフェア（チラシ折り込み）を実施することにしました。

そこにたどり着くまでには、お店が提案してくる販促企画や料理のほとんどに『NO』を突き付け、ほとんど、原型をとどめないくらいに改良を加えてきました。

また、ピントの合わないチラシの製作業者に対しても、厳しい意見を言いながら、何度も、修正をさせるなどして、私たちは、妥協をせず、最善の準備をしてきました。

ですから、フェアの前日に店長から、「正直なところ、期待70％、不安30％です」というメールをもらった時は、（何としてでもこのフェアを成功させたい）と祈るような気持ちになったものです。

そうして迎えたフェアは、スタートから驚異的な反響となり、しばらくは、売上が前年の200％を超え、期間を通しても、前年の150％を超える売上を達成しました。

また、チラシに付けていたクーポンの回収は、800枚を超え、新規のお客様が多数来店されました。

普通に考えれば、フェアは大成功、私も達成感でいっぱいとなるところですが、残念ながら「ショックな出来事」は、その後に起きたのです。

これだけの大成功を収めたはずのA店の経営者や従業員たちが、どうも浮かない顔をしているのです。

よくよく聞いてみると、次のような言葉を発したのです。

「忙しくて疲れた」

「新規客が多くて疲れた」

「客単価が下がったので、気持ちが萎えた」

「次回のフェアは期間を短くしたい」

「もう少し、反応が少ないチラシにしたい」

「一組だけ嫌なお客様が来て、落ち込んだ」

等々、出るわ出るわ、ネガティブ思考のオンパレード…。

さすがに、温厚な（？）私も、怒りが爆発してしまいました。

売上の落ち込みに心が病んでしまい、夜になると胸が痛み、薬を飲んで眠っていると打ち明けてくれたのは、どこのどいつだ？

売上を回復したいので、藁をもすがる気持ちで、私にサポートを依頼したのは、どこのどいつだ？

厳しい市場環境の中で、売上・客数が激減しながらも、必死で、お客様を呼び込むために努力している人たちが日本全国にたくさんいらっしゃるはずです。

そういう人たちに対しても、あまりにも失礼な言葉ではないか！

現に何人かの他のクライアント先の社長さんに、この話をしたら、私以上に頭から湯気を出して、「本当にそんなことを言う人がいるのですか？」「出来ることならば、そのお客様をうちがもらいたいくらいだ」「この厳しい状況で、お客様が来てくれたことに、なぜ感謝出来ないのでしょうか？」と、本当に信じられないという顔で、びっくりしていました。

日頃から、A店の従業員たちは、売上が悪いのを景気や天候のせいにすることが多かったので、私は、あえて、この厳しい市場環境の中で売上を上げて、「自分たちで売上を伸ばすことが出来るんだ」という自信を彼らに植え付けたいと思っていましたから、本当に怒りを通り越して、悲しい気持ちになりました。

言うまでもありませんが、この店の売れない理由は、景気や天候ではないのです。売れない「真犯人」は、実は、店の人間たちの思考回路なのです。

これまた、言うまでもありませんが、売上が2倍になるということは、忙しさはそのままで、売上金だけが2倍になるわけではありません。

売上が2倍になるということは、忙しさも2倍、いや、いろいろな販促での値引き等をやるのであれば、忙しさは、2倍以上になるのです。

それが、商売の原理原則であり、それが、繁盛するということです。

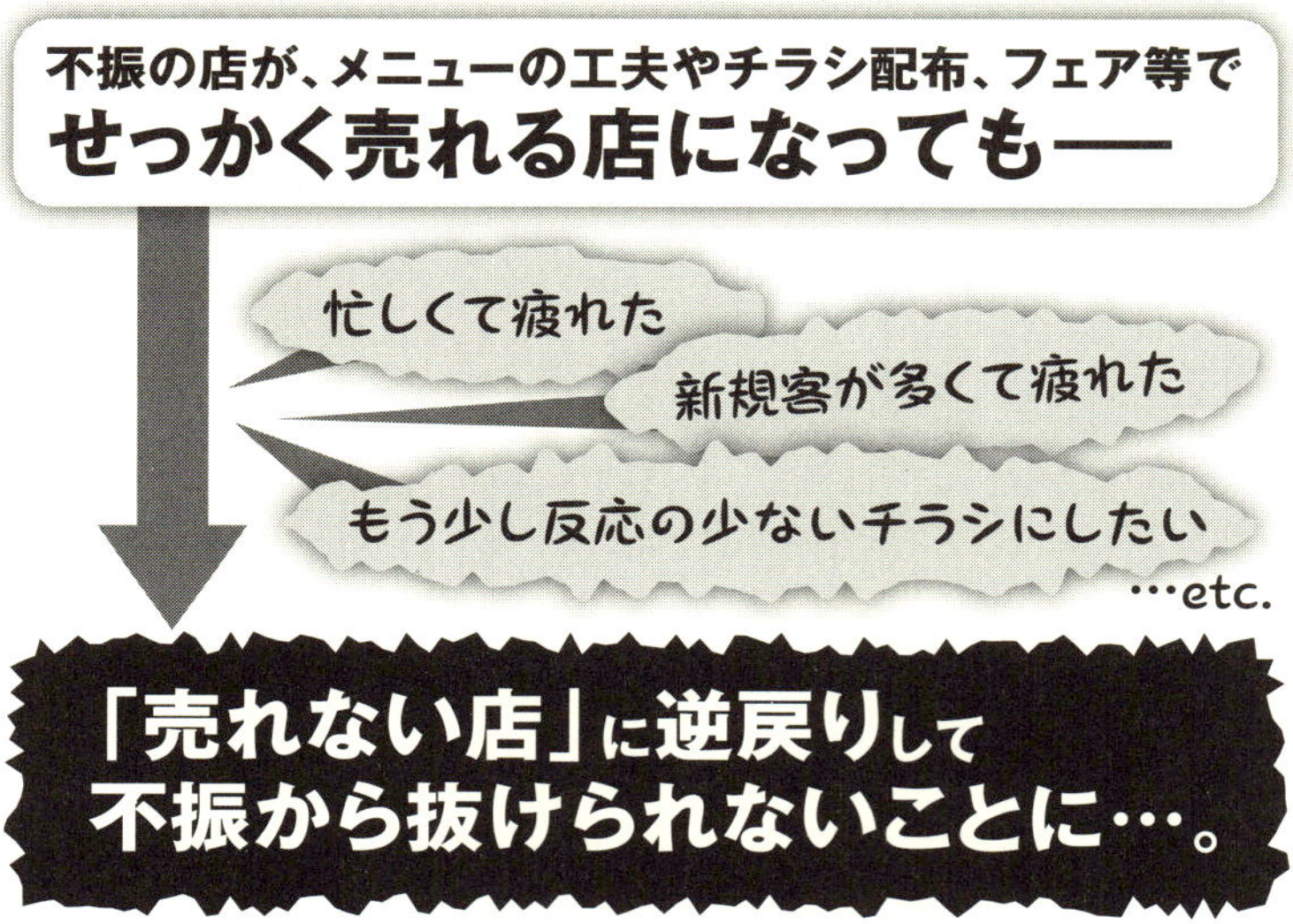

不振の店が、メニューの工夫やチラシ配布、フェア等で
せっかく売れる店になっても――
忙しくて疲れた
新規客が多くて疲れた
もう少し反応の少ないチラシにしたい
…etc.
「売れない店」に逆戻りして
不振から抜けられないことに…。

あなたは、本当に、売れる覚悟がありますか？　あなたは大丈夫だとしても、あなたのお店のスタッフは、本当に、売れる覚悟があるでしょうか？

地盤沈下のように、徐々に売上が落ちて行く…、そんな状況下においては、「役に立つスタッフ」でも、あなたが、本気で売上を伸ばしたいと思った時には、むしろ、そのスタッフが、「役に立たないスタッフ」である場合が非常に多いのです。

もっと言い切れば、現状のスタッフは、現状の売上を維持することは出来ても、それ以上に、売上を伸ばせるスタッフだとは限らないということです。

いや、もっと言い切りましょう。売上は、「水とコップの関係」と同じです。

つまり、売上の悪いお店は、売上が悪い理由は、水（お客様）が流れてこないからだと思っていますが、それは違います。

売上が悪い本当の理由は、水（お客様）が流れてきても、受け入れるコップが小さすぎて、売上を貯められないのです。つまり、器の小さな店だということです。

あなたのお店の器は、そのお客様を十分に受け入れられる大きさになっていますか？　お店のスタッフのレベルが高いか低いかを、簡単に見分ける方法をお教えしましょう。

それは、お客様がいっぱいで忙しいことを「喜び、感謝しているスタッフ」なのか「落ち込み、迷惑がっているスタッフ」なのかを見れば、一目瞭然です。A店のように経営者から率先して、落ち込み、迷惑がっているようなお店には、商売の神様が、そっぽを向いてしまうでしょう。

ですから、私は、なんとか、この店の意識改革をあきらめずに、一刻も早くやっていきたいと思っています。

私は、その指導店の経験で、**人生や商売は、「運がよいか・運が悪いか」という区別で優劣がつくのではなく、「運を摑めるか・運を摑めないか」で優劣がつくのではないかと思うようになりました。**

あなたのお店でも、このテーマでのミーティングをされてはいかがでしょうか？

13 脱・カンチガイ経営のための「水とコップの法則」

前の項で、売上は、水とコップの関係という話をしましたが、ここは、大切なところですので、もう少し詳しくお伝えしましょう。（「水」＝「お客様」、「コップ」＝「お店の集客の器」と考えます）

雨がたくさん降って、コップの水が増えれば増えるほど、売上・収益がアップするわけですが、これが、そうは簡単にいかないのが現実です。

なぜでしょうか？　実は、どんなに素晴らしい店でも、多かれ少なかれ、このコップには、『ロストホール』があります。ロストホールとは、「売上損失の穴」と理解してください。

こんな感じをイメージしてください、コップにいっぱいの水が入っていますが、ところどころに小さな穴があって、そこから少しずつ水が漏れている感じです。

そして、重要なことは、ロストホールの位置です。

言うまでもありませんが、ロストホールがコップの下についているほど、コップに水が溜まる量が少なくなるということです。

たとえば、コップの8分目にロストホールがあっても、とりあえず、水は、8分目まで溜まりますが、もしも、ロストホールが、コップの2分目にあったら、水は、コップの2分目までしか溜まらないことになってしまいます。

具体的には、料理がまずいとか、600円くらいの価値しかないのに1000円の価格になっているとか、お客様が不快に感じるような接客や目にあまる不潔な店とか、このような状況の店は、コップの下の方にロストホールがあるわけです。

●「コップの水」(=集客の器の容量)100%の簡単な計算方法

では、コップに水が100%満たされる状態はどんな感じでしょうか?

それは、あなたのお店の『テーブル客単価』×『テーブル数』×『営業時間』です。(本来は、平均滞在時間なども考慮すべきですが、今回は、そこがポイントではありませんので、簡易的に、滞在時間を1時間としての計算です)

いかがでしょうか? 仮に、テーブル客単価が5000円で、テーブル数が10席、営業時間が10時間ならば、

5000円×10席×10時間=50万円ということになります。

これを1カ月（30日計算）にすると、この店のコップが100%満たされた状態は、1500万円ということになります。

さあ、あなたのお店は、100%の水＝いくらの売上になりましたか？

そして、その売上から換算すると、現状の売上は何パーセントでしょうか？　たとえば、この事例のお店が、月商1000万円ならば、1000万円÷1500万円＝67%、つまり、コップの水は、67パーセントまで溜まっているということになります。

ただ、この数字が100%になるお店は、ほとんどないでしょう。

なぜなら、ランチが強いが、14時以降は暇だったり、営業時間は、7時間だが、実質は、夕食の3時間が勝負の店だったり、お店のほとんどが、1日の中で売上の波があるからです。

でも、だからと言って、仕方がないと思うのではなく、そこを満たせば売上はさらに上がるということも、頭の片隅に入れておきたいものです。

少しややこしい説明になりましたが、ここまでご理解いただけましたか？

●「雨量」（消費動向）が少ないときの対応法

次に、「水とコップの法則」の「水」（雨）についても、少し説明しましょう。

この雨とは、景気なども踏まえた市場環境からくる「消費動向」と考えていただきたいのです。

記憶に新しいところでは、東日本大震災の直後は、自粛傾向が蔓延し、お客様の動きは明らかに鈍っていましたね。このような状況は、ここで言う「雨量」が少ないということです。

では、店の状態を進化させる取り組みについて説明しましょう。

今回は、大きく3つに分類します。

【A・ロストホールをふさぐ】

先にもお伝えしたように、コップの水を増やすためには、最優先で水漏れをふさがなければなりません。

・味・量・価格は魅力的か?
・不快に感じる接客ではないか?
・不潔感が漂っていないか?
・メニューブックは見やすいか?
・入りやすさはあるか?
・入りたくなる告知をしているか?
・暇な時間の対策は?

まだまだたくさんありますが、あなたのお店のコップを水増しするには、どこをどうすれば良いかを考え、具体的な行動に落とし込んでいただきたいのです。

【B・コップのかさ増しをする】

これは、単純に増築するという意味ではなく、テーブルレイアウトの変更で、組数を増やす取り組みをするとか、提供スピードをあげて、客席回転率をアップさせるとか、営業時間を延ばすとか、Aのような実際の課題克服のようなものではなく、より多くの吸収力を備えるための取り組みと考えてください。

【C・雨受けを作る】

普通は、雨は、コップの口の大きさでしか集めることが出来ませんが、効果的な販売促進などで、いわゆる「雨受け」を作って、より多くの雨をコップに入れるということです。

逆に、「競合店の値引き販促やチラシの影響を受けて売上が厳しいなあ」というお店は、競合店の「雨受け」が、あなたのコップの上にまで差し掛かっている状態なのです。

もう一度言います。

あなたが目を向けるべきは、今日の雨量ではありません。

Aによる売上の損失を改善し、Bによる売上の効率を高め、Cによる集客拡大策を講じることなのです。

台風の時に風を止めることは出来ませんし、梅雨の時に毎日晴れにすることも出来ません。

飲食店の経営を「コップと水」にたとえるとカンチガイを防いで対処できる

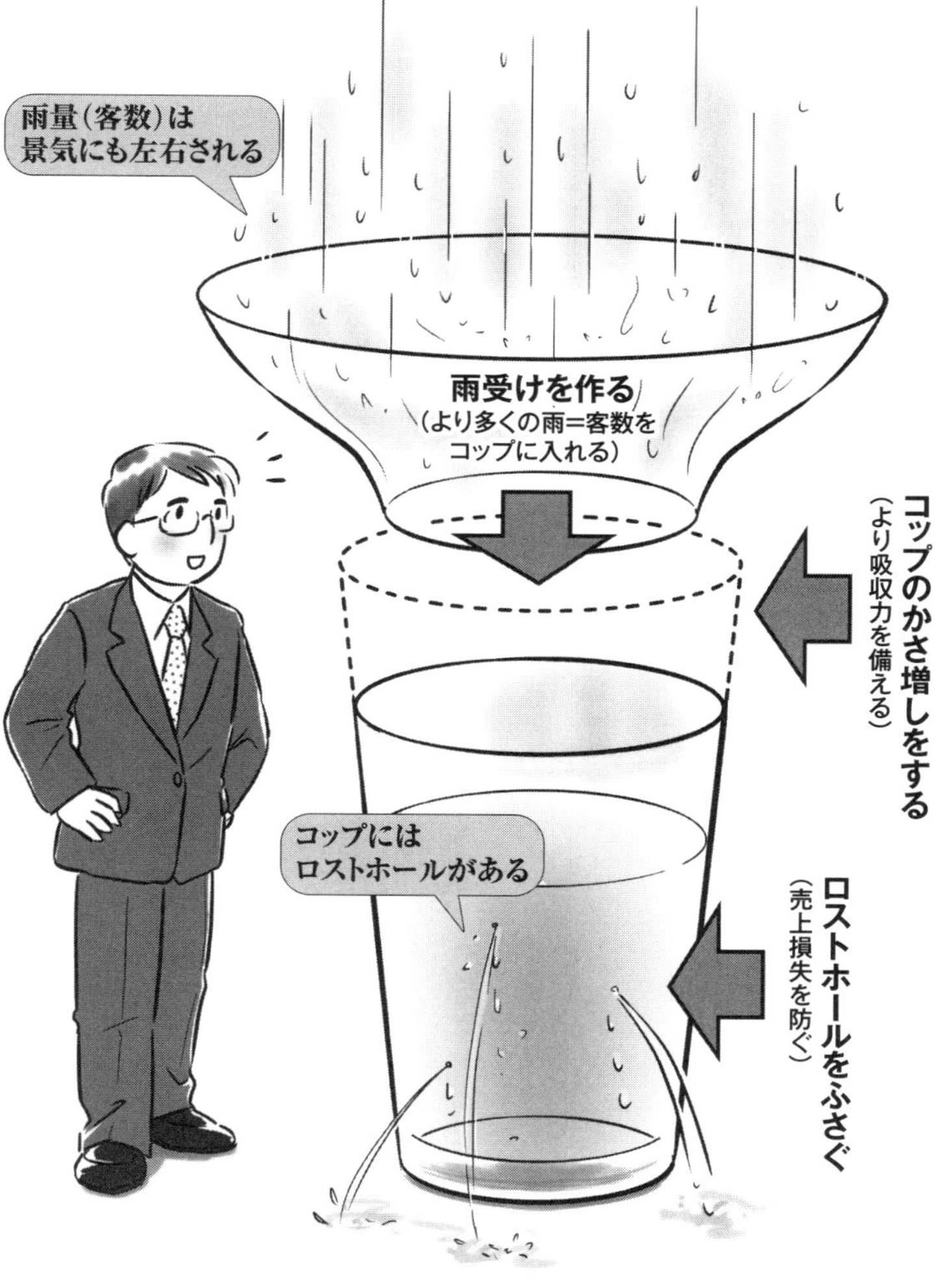
雨量（客数）は
景気にも左右される
雨受けを作る
（より多くの雨＝客数を
コップに入れる）
コップのかさ増しをする
（より吸収力を備える）
コップには
ロストホールがある
ロストホールをふさぐ
（売上損失を防ぐ）

以前、実際にあった話ですが、あるテーマパーク内の飲食店で、大きな台風が直撃し、そのテーマパークに行く唯一の公共機関である電車もストップし、お客様は、ほぼゼロの状態でした。そこで、その店の店長が経営者に事情を説明し、今日の売上は見込めないと言ったら、そのカンチガイ経営者は、「バカヤロー、台風を言い訳にするな〜」と怒鳴ったそうです。

だったら、アンタが台風をどっかに移動させろよって言いたくなるような事例ですよね。

ちなみに、その店、その前日は、「台風が来る前に行っておこう」というお客様が多く集まり、いつもよりも30％増の売上だったそうで、その日は、そのカンチガイ経営者は、「最近、お前はよく頑張っている」と褒めていたそうです。

まさに、一喜一憂のカンチガイ経営者ですよね。でも、あなたも似たような経験がありませんか？

●A・B・Cの順番を間違えなければ、売上は落ちない

私のクライアント先では、「Aの取り組み」↓「Bの取り組み」↓「Cの取り組み」と、この順番をしっかり守って前に進んでいます。

すると、どのような効果があるかと言えば、「上がった売上が下がらない」のです。いわゆる売上がステップアップしていくのです。

たとえば、２０１１年に「焼肉店・第19集」（旭屋出版刊）で、紹介したお店は、その年、年間１０００万円の売上増を記録しましたが、その後も、そこから、年々売上をアップさせており、２０１３年の夏は、４年連続の売上アップだけでも凄いのに、その数字が、前年対比１３０％ですから、恐れ入ります。

その間には、競合店が2店も増えたのですが、まったく動じないのです。

A→B→Cの順番を無視して、ロストホールを放置したままで、瞬間的な売上をアップさせても、やがて、水は漏れてしまいます。

あなたの店も、**目先の売上に一喜一憂することなく、本質的なコップの吸収力を備えるべく努力を積み重ねて、売上を上げる力、上げたら下がらない力を身につけた店にしていただきたいと思います。**

14

売上を伸ばしている店の「ONセールス」思考

「脱・カンチガイ経営」という言葉を持ち出すまでもなく、飲食業界には、カンチガイな思考回路がどっぷりと根づいています。

最近は、その「根づき」の深さにあきれ果ててしまうことも多々あります。

私は、個人的にも、仕事柄的にも、現場の本質を知らずに、知ったかぶった顔で、知ったかぶった言葉を発する人と遭遇すると本当にムカムカしてきます。

大抵は、キッチリとダメ出しをしてあげるのですが、その最たる言葉に、「やってみなければわからない」「失敗してもよいから、まずはやることが大事」「やってみてダメだったら修正すればいい」「失敗は成功のもと」等の言葉です。

まあ、どれも言いたいことは、「やることに価値がある」ってところですが、皆さんは、本当にそう思いますか？　えっ？　もしかして、あなたの口癖だったりして？（苦笑）

一昔前は、オリンピックでも「参加することに意義がある」という思考が主流でしたが、いま、選手がそんなことを言ったら、「何をのんきなことを言っているんだ、全力でメダルを狙えよ」ってブーイングが起こりそうですよね。

記憶に新しい、先の冬季オリンピックの浅田真央さんが、銀メダルで悔し涙を流していたシーンは、「参加することに意義がある」なんて甘っちょろい思考を吹き飛ばし、「金メダルを取ることに意義があるんだ」という強いスタンスを示してくれました。

言うまでもありませんが、経営は、スポーツ同様に「結果」が求められるものです。そして、その「結果」を最高のものにするためには、最高の「準備」と的を射た「取り組み」が必要なのです。

「ダメだったらやめたらいい」なんていう、最高の「準備」も的を射た「取り組み」もない状態で「頑張った」なんて言っている店に明日はありません。

●「結果が変わらない」無意味な努力をしている店が多い

しかし、いつから飲食業界は、幼稚園のお絵かきのような思考回路になったのでしょうか？

理由は、いっぱいありますが、その中のひとつに、「目標が低すぎる」もしくは、「目標が曖昧である」ということが言えるでしょう。

あるお店では、ランチタイムに新しいメニューを導入するかどうかを話し合っていました。

私は、しばらくは、そのやりとりを静観していました。

すると、「売れるかどうか、やってみなければわからない」「やってみて売れなかったらやめればいい」ということで、無事に（？）新メニューの導入決定となりかけた時に、私は、「ちょっと待った」と声をかけました。

先にもお伝えしたように、この話し合いの中には、「目標」に関する話がいっさい出てきていないのです。

そんな状態で、新メニューを出したとして、後に、どのようなモノサシで「売れたか、売れなかったか」を判断するつもりなのでしょうか？

お店の従業員に、そう訊ねてみると、従業員の一人が、「1日、1個でも2個でも売れれば…」なんてことを言います。

この店は、売上を伸ばしていく上では、ランチの強化が最重要課題の店です。逆に言えば、ランチが伸びなければ、店の存続さえも危ういような状況のお店です。

そんな店が、1日に1個か2個の販売を目指した新メニューに時間を費やしている余裕があるのでしょうか？　仮に、そのメニューが予定通りに2個売れたとして、どんな結果が生まれるのでしょうか？

私は、クライアント先に、いつも、「スタート思考ではなく、ゴール思考で物事を考えましょう」と言っています。ただ、カンチガイしないでいただきたいのは、今回の事例でいえば、新メニューの目標販売個数を設定するということがゴール思考だということではありません。

私が言うゴール思考とは、たとえば、ランチの売上を130％に伸ばしたいと考えるのならば、その取り組みは、売上を30％上乗せするものでなければならないということです。

売上不振店において、圧倒的に欠けている観点がここの部分です。

実際に、このお店は、そういう部分の課題も説明したうえで、あえて、新メニューを導入してみました。

結果は、従業員の予測通り（？）1日平均で1・5個の販売個数であり、売上は、私の予測通り、このメニューが1・5個売れても、全体売上はまったく変化しませんでした。

どうでしょうか？　そんなこと、やってみなければわからないことですか？　やらなくてもわかることですよね？　でも、飲食店の現場では、このような「結果が変わらない努力」ばかりをしている店が本当に多いのです。

そして、なぜかカンチガイ経営者ほど、この1・5個を称賛します。

私は、クライアント先に対して、「ONセールス思考」という言葉をよく使います。「ONセールス思考」とは、何らかの取り組みをする際に、「それで売上はONするのかい？」ということを常に自問自答してほしいということです。

●必要なのは売上をどれだけONできるかという「ONセールス」の視点

この「ONセールス思考」は、ぜひとも、あなたのお店でもしっかりと根づかせていただきたいと思います。

私が常宿にしている、ある温泉旅館にこの夏も訪れました。飲食店で言えば、大繁盛しているリピーターの多いお店に値するこの旅館は、行くたびに進化しています。

言うまでもなく、この「進化」とは、「ONセールスを積み上げている」ということです。その証拠に、私は、ますます、この旅館の経営姿勢に感銘を受け、これからもリピーターとして利用し、さらには、いろいろな方にこの旅館をお勧めしていくでしょう。

また、その旅館の帰りに、これまた毎回訪れる菓子工場があります。

この工場では、型くずれのお菓子や賞味期限の短いお菓子をアウトレット価格として販売して大人気の工場です。特に、目玉でもある「お菓子の詰め放題」という企画は、凄まじい人気で、工場内のお店のオープン時間に行っても、150人くらいの行列が出来ていたりします。

今回も、この工場を訪れたのですが、ここもまた様々な企画や売り場の改善などで「進化」しているのです。

そして、面白いことに、この工場の隣には、もう1つ、別の企業の菓子工場があり、ここでもアウトレット価格での菓子を販売しています。

しかし、この工場のお客様は、なんと、0人（正確には、私が見に行ったので1人ということになりますかね）。

片方が、200人以上のお客様でごった返している中で、0人とはあまりにも淋しいではありませんか。

そして、そこのお菓子の陳列を見てみると、「新メニュー」という手書きのPOPが貼られたお菓子が2つほどありました。私は、思わず苦笑、どこかのお店のようだなと思いました。

来店客が圧倒的に少ないこの工場の対策が、来た人にしかわからない「新メニュー」では、売上がONするわけがないのです。

●戦略的にうまく売上を積み上げる店と、戦略なしに思いつき的に売って効果の出ない店が

先にお伝えした温泉旅館のように、私は、いろいろな商圏や店舗を定点チェックするようにしています。すると、面白いことに気づきます。それは、売れている店ほど、ますます、「ONセールス」への取り組みを加速させており、売れていない店ほど、ますます、「OFFサービス」に固執しているということです。

この傾向は、クーポンやディスカウントにも見受けられるようになってきました。一昔前は、クーポンやディスカウントは、売れない店の打開策というイメージが強かったのですが、

ここ最近は、売れている店が、目的に応じた戦略として取り組み始めており、確実に、「ＯＮセールス」を積み上げています。

もちろん、売れていない店もクーポンやディスカウントをやっているのですが、消費者は、この種の売り込みには響かなくなってきています。つまり、そもそも魅力のない店には、ディスカウントされれようが行かない傾向になってきているのです。

先にもお伝えしましたが、「習客力」（お客様の来店が習慣になるくらいの吸引力）を備えてから「集客力」を高めて行くこと、これが「ＯＮセールス」における絶対条件であるということです。

これからますます、「ＯＮセールス」出来る店と「ＯＦＦサービス」しか出来ない店の二分化が顕著になってくるでしょう。

「ＯＦＦサービス」という言葉には、少し皮肉も込められています。それは、「売上がＯＮしていない状況でありながら、自分たちはよいサービスをしているというなぐさめ感を持っている思考の甘い店」ということです。

15

あなたの言葉は、従業員の心に響いていますか？

カンチガイ経営で苦しんでいる店は、当然ながら、何が一番苦しいかといえば、売上が下がり、資金繰りが厳しくなっていることですが、ある意味、それに匹敵するくらいに深刻なのは、飲食店の経営者と従業員の間の不協和音です。

飲食店に限らず、ビジネスの世界では、「コミュニケーション」が重要であることは言うまでもありません。

しかし、私が、日本全国を駆け回り、見てきた飲食店の現場における「コミュニケーション」には、かなりの温度差があるのが事実です。

相手に自分の考えを話したことを「コミュニケーション」と考える人もいれば、相手の話をよく聞くことが「コミュニケーション」だと考える人もいます。いわゆる、「言った」「聞いた」のレベルです。

しかし、私は、**「コミュニケーション」とは、伝えたい本質的な意味合いを相手の心に響か**

せ、相手が伝えたい思いも自分の心に響かせることだと考えるべきだと思っています。

たとえば、従業員が重大なミスを犯し、経営者として叱らなければならないとします。

実際にそういう場面に何度も直面してきましたが、ほとんどの場合、経営者が従業員に対して「結果としてのミスに腹を立てている」ことしか伝わってこない場合が非常に多く、また、従業員から経営者に対しては、「(本質的な問題ではなく)上司の怒りに対しての謝罪」でしかない場合がほとんどです。

この場合に、経営者が従業員の心に響かせるべきなのは(つまり、真のコミュニケーションですが)、ミスそのものよりも、ミスになるまでのプロセスを注視した上で、「どこに問題があったかをしっかりと把握させる」ことと「再発防止策をしっかりと理解させる」ことです。

●「言った」「聞いた」のレベルではなく、「理解した」でも足りない

私は、この「相手の心に響かせる」ということが、とても重要だと思うのです。「言った」「聞いた」のレベルではなく、「理解した」のレベルでもまだ足りない、心に「響いた」レベルまでの「コミュニケーション」を貫いていただきたいのです。

以前に、ある有名な経営者の方と話をさせていただいた時に、従業員の教育やコミュニケーションにおいて一番重要なことは、「身にしみるまで伝えること」だと言っておられましたが、

これなどは、私が言う「心に響くまで伝えること」と同意語です。

つまり、経営者から「注意された話」とか「教わった話」というレベルではなく、もう、それが「従業員の思い」となるくらいに伝えることだと理解してください。

「コミュニケーション」について、もうひとつ別の観点からの話をしましょう。これまた、ある有名な写真家の方とお話しする機会がありました。

私は、上手な写真を撮る秘訣は何ですか?と尋ねてみました。

すると、その写真家の方は、「写真の上手下手は、写真を撮る枚数と写す対象が持っている一番よいオーラを意識することで、その原点は家族写真です」という意味合いのことを言ってくださいました。

「写真を撮る枚数」という意味は、誰かの写真を撮る時、普通の人は1枚しか撮らない写真を100枚でも200枚でも撮り、その人が持つ一番素敵な輝き(オーラ)をかもし出している写真を見つけるまで諦めないということです。

また、「家族写真」とはどういう意味なのか?

あなたも経験があると思いますが、観光地などに行くと「すみません。写真を撮ってもらえませんか?」とお願いされることがありますよね。

シャッターを押す場所を教わり、カメラから覗く先には見ず知らずの人たちが自分を見てニッコリ笑っている、その表情になんとなく違和感を感じながらもシャッターを押す。ほとんどがそんな感じで写真を撮り、カメラを返すと思います。

当然、その後に、その写真を見ることもなければ、10分もすればよほどの美人でもない限りどんな顔だったかさえも忘れているでしょう。

そこには、「相手の一番よい表情を撮ろう」なんて思考は働かなければ、そもそも、その人の「一番よい表情」なんて知らないのです。

「家族写真」は、まったくその逆であり、誰よりも一番よい表情を知っている仲間です。だから、一番素敵な輝きを撮れる可能性が高いというのです。よい「コミュニケーション」とよい「写真」は、どうやら同じ仕組みで成り立つようです。

それは、一言で言うならば、「愛情をもって、繰り返す」ということではないでしょうか？

ついでに、少しやわらかいお話をします。これは、私が飲食店で店長をやっていた時のことです。そのお店ではアルバイトが仕事を始める際に必ず接客用語を読み上げ、自分の名前を言って挨拶をするルールになっていました。

そして、決して自慢でも大袈裟でもなく、私はその1分程度の時間の中でアルバイト全員のその日の心のコンディションをほぼ把握することが出来ました。

そして、「あれ？　いつもと様子が違うぞ」と思ったら必ず声を掛けます。

しかし、ほとんどの場合は一度聞いたくらいでは「何でもありませんよ」と答えます。しかし、そこで終わっていたら、響き合いの「コミュニケーション」など永遠に出来ません。

私はそんな時、「内容は言わなくてもいいから、何かあるんだろう？」と尋ねます。すると、しぶしぶ首を縦に振ります。

私はさらに「それは仕事のことか？　生活（学校や家庭等）のことか？　体調的なことか？」と尋ねます。

店長としては、仕事のことであれば責任重大ですし、また、生活や体調の問題にしてもことの大きさによっては仕事どころではないかもしれないのです。

そうして、やっと心を開いてくれた従業員の口からは、「主人が浮気をしていた」「学校でいじめにあった」「親が離婚になるかもしれない」「いま、彼氏と別れた」「子供が昨日から熱が下がらない」等々、うわあ、聞くんじゃなかったよって思えることも多々ありました。

私は、内容によっては、無理にでも帰したり、ゆっくり話を聞いてあげたりしました。

また、そこまで大きな問題ではなかった場合は、「じゃあ、今日一日つまらなかったのか？」と尋ね、「はい」と答えた従業員には、「じゃあ、これから楽しい時間を過ごそう」と言って仕事に送り込み、様子を見ながら、私は、その従業員が笑顔になるまで、お笑い芸人顔負けのジョークや笑える話をしたり、仕事の後で食事に連れて行ったりしました。

私が最後に店長をやったのは九州の福岡です。私は、その店を最後にスーパーバイザーに昇格し、岡山の方に転勤したのですが、それから約3年後に1通のハガキが届きました。それは、その当時のアルバイトのうちの1人からで、内容は、(今度、当時のアルバイトを集めた同窓会をするのでぜひ来て欲しい)ということでした。私は、ビックリしました。学校の同窓会ならまだしも、アルバイトの…、それも3年前の話ですよ。いまさら集まるのだろうか?と半信半疑で約束の場所、室見川のほとりに向かいました。そこでバーベキューをするというのです。

そして、私は、その場所で思わず込み上げてくるものがありました。

私が、その店を離れる時のアルバイトの人数は35名程度、そして、その室見川のほとりには、なんと、そのうちの27名ほどの当時のアルバイトが集まっていたのです。その時に、私が心がけていた「コミュニケーション」が、本当に、従業員の心に響いていたのだと確信しました。私は、いまでも彼らが送別会でくれたネクタイピンを愛用しています。

そんな昔のことを思い出しながら執筆をしていたら、先日、その当時のアルバイトから「みんなで会いましょう」というメールが届き、福岡の居酒屋さんで集まりましたが、これが、もう、私が店を離れてから、実に20年が経過しての出来事です。心に響いたコミュニケーションは、20年たっても色あせないのだと思うと、我ながら感無量でした。

16

経営思考の原点は「利幅を広げる」こと

飲食業に限った事ではありませんが、経営思考の原点の話をしたいと思います。「経営の最大の目標は何でしょうか？」私は飲食店の経営者の方に、時々、こんな質問をします。するといろいろな答えが返ってきますが、その大半は、「売上を上げる」「一人でも多くのお客様を迎える」「利益を出す」といったものから、「地域一番店になる」「人を育てる」といったような意味合いのものです。

さて、あなたなら、どう答えますか？

私は、8000時間を超える飲食店でのアルバイト経験から、社員、店長、スーパーバイザー、エリアマネージャー、本部統括部長、そして、現在のコンサルタントという、まさに360度の視点で「飲食店」の現場に関わってきました。

そんな私が、先ほどの質問を、自問自答した場合、その答えは、「利幅を広げる」ということになります。

もう少し説明すると、「最善の視点と思考による行動で、利益幅（利益高）を最大限に広げていく」という感じです。

まあ、ほとんどの方が、「そりゃそうだよな」と頭では思われるでしょうが、では、実際の行動は、本当に「利幅を広げる」結果になっているでしょうか？　私が30年以上見てきた飲食店の現場では、一方に片寄った経営者が非常に多いのです。

それは、売上（収入）を上げることばかり考えているが、「利幅」は広がらない経営者であったり、経費（支出）を下げることばかり考えているが、売上がそれ以上に落ち込み、やはり、「利幅」が広がらない経営者です。

もう少し具体的な実例で説明しましょう。数年前に、ある飲食店の経営者のAさんと話をしました。

年々、売上は低迷し、3年間で売上は月商1000万円から600万円にまで下がってしまったという話をしながら、「でも、佐野さん。1つだけ自慢なのは、私は、この3年間で、原価だけは下げてきました」と言うのです。

聞けば、約40％だった原価率を3年間で35％に下げたそうなのです。

しかし、言うまでもありませんが、売上から原価を引いた額は、3年前は600万円。そして、3年後は390万円ですから、そこだけ見ても、利幅は210万円も減っているのです。

もちろん、売上が下がっているのだから、無駄な経費を少しでも削減するという考え方は間違いではないでしょう。

しかし、この店の場合、原価思考が強すぎて、商品の魅力度も大幅に削減していたのです。

また、この3年間において、経営者のAさんは、売上は絶対に上がらないと決めつけ、売上拡大に対しては、まったく手をつけていないのです。

もうこうなると、売上が下がったから原価を下げたのか、原価を下げたから売上が下がったのか、分からないような状況です。

逆に、売上アップだけにとらわれて、値引き、値引きのオンパレードで、売上（収入）は110％になったけれど、経費（支出）は、130％になってしまった経営者Bさんもいます。

仮に、元々が、売上500万円で、利益100万円だったとすれば、この店は、売上は550万円になっても、経費は520万円になり、利益はわずか30万円となり、その差、70万円の利幅縮小になるのです。

ただ現在は、割合から言えば、市場環境の厳しさから、経営者Aさんのタイプが圧倒的に多いようですから、ここからは、そちらにスポットを当てて話を進めます。

経費を下げることばかりを優先してしまうこのタイプの経営者の特徴は、先ほどもお伝えしたように、「何をやっても売上は上がらない」という思いが強く、とにかく「経費を抑えて利益を出そう」と考えます。そして、とにかく「原価率」と「人件費」を下げようと必死になる傾向があります。

その結果、メニューも、全てがほぼ同じ原価率になっていて、特徴がないのが特徴というメニュー内容になっていきます。

簡単に言えば、どの料理もちょっと（量が）少なく、ちょっと（値段が）高い状態になっているのです。

●売れ行き不振による「ちょっと・ちょっと・ちょっとの差」の節約が致命傷に

さらに、人件費を絞るために、ちょっと（料理の提供が）遅くなっています。私は、この「ちょっと・ちょっと・ちょっとの差」が致命傷になってしまった店をたくさん知っています。しかし、カンチガイ経営者は、この「ちょっとの差」をむしろ自分達の企業努力だと思うようです。

私が尊敬する、ロッテの創業者・重光武雄氏は、この「ちょっとの差」をとても重視されます。

そして、「ライバル店の長所を上回り、ライバル店の短所をも克服し、どこよりも宣伝をすれば、必ず成功する」という基本思考をお持ちです。

また、「宣伝費を削るのは、利益を削るのと同じことだ」と考えられています。このことを飲食店に照らし合わせると、**お客様は、料理がおいしいから来店するのではなく、お店の存在を知ってから来店する**ということです。

そして、来店されたら、ライバル店に負けない独創的なNo.1メニューがあれば、必ず、リピーターとなってくれるということです。

●第一にお客様に「知らしめる」こと、そして「No.1メニューを持つ」こと

もちろん、飲食店への来店理由はそれだけではありませんが、まずは、繁盛店の基本思考として、「知らしめる」こと、そして、「No.1メニュー」を持つことが大切であることを頭に入れましょう。

そして、そう考えると、経営者Aさんのタイプの思考回路は、繁盛店の基本思考の真逆であることがおわかりいただけるでしょう。

私のクライアント先でも、売上倍増や、売上150％オーバー等のビックリするような業績を実現しているお店がいっぱいありますが、その取り組みの原点は、「知らしめる」&「No.1メニュー」です。

あるカフェの店で、ユニークなランチメニュー（No.1メニュー）を提案し、大胆なチラシ

（知らしめる）を折り込みました。

するとこのメニューがテレビ局の目に止まり、地元の有名な番組に取り上げられて、大ブレイクし、元々の売上650万円に対し、翌年は、830万円になり、さらに、その翌年は、とうとう1000万円になりました。

私のクライアント先では、「原価率」よりも「利益額」を重視しています。この発想で、原価率50％でも利益額の多い商品と、原価率10％前後の商品の両方が売れるようにしています。

そうやって、すべての業務を、「最善の視点と思考による行動で、利益幅を最大限に広げていく」ことに集中するのです。

ここ数年、景気の悪化も要因だとは思いますが、コンサルティングの依頼が殺到しています。そして、依頼される方の99％は、同じ悩みを打ち明けられます。それは、「何をやればよいのか分からなくなってしまいました」というものであり、そして、「今やっていることさえも、正しいことなのか分からなくなりました」というものです。

つまり、すっかり自信を失ってしまっているのです。すると、目先の数字（原価と人件費）をとにかく下げることとしか思いつかなくなってしまうのです。

この状態は、ある意味で、「引きこもり的経費削減依存病」です。

飲食店という商売をやりながら、お客様を増やすことをあきらめるのは、立派な経営の引きこもりです。経営の引きこもりになると、何でも他責にしてしまいます。「狂牛病以来、厳しい」「立地が悪い」「リーマンショックの影響」「東日本大震災のせい」「台風が来たから」等々。

しかし、私は、日本全国を駆け回っていますから、断言します。「売れない店はあっても、売れない立地というものはありません」。また、東日本大震災があっても、仙台で昨年を大幅に上回る売上を上げている店もあります。つまり、「理由があって売れない」のではなく、「売れないから、理由を探している」だけなのです。

市場環境は今後も厳しいでしょうが、だからこそ、自分たちの店は、本当に、お客様に喜んでいただけるお店なのか？と自問自答してほしいのです。

また、「いつからか、お客様の満足度よりも、自分たちの経費削減が最優先」になっていなかったか？と胸に手を当ててみてほしいのです。

景気が悪いほど、お客様は、消費に対して慎重になりますが、でも、カンチガイはしないでほしいのです。

お客様は、消費をしないということではありません。

「損をしない消費」「お得な気分を味わえる消費」には、むしろ飢えているのです。その視点と思考が、ピンチをチャンスに変えるポイントなのです。

17 売れない時の「味方」は売れる時の「敵」になる

「利幅を広げる」というお話をしましたが、私がコンサルタントとして飲食店のサポートをする中で、その点において痛感することがあります。

それは、業績の厳しい店ほど、この「利幅を広げる」という意識と行動が曖昧だということと、もう一つは、「味方が敵になっている」という点です。

これは、私がお店の改善を行なう上でも、非常に厄介な問題ですので、詳しく説明していきましょう。

●売上アップの提案をしたらブーイングが…!?

先日も、あるお店で打ち合わせをしていると、お店の開店時間の10時になる前（9時30分頃）から、お客様が店頭で待っていることが多いという話が出ました。

言うまでもなく、このお店は、年々売上を落とし、8年間で3分の2の売上になってしまっているお店で、このままでは存続も危うい状況です。

そこで、私は、開店時間をせめて30分でも早めては？と提案をしました。

すると、その打ち合わせに同席していた店長が、「それを従業員に言ったら、ブーイングでしょうね」と言うのです。

私は、一瞬、何を言っているのか分からず、「どういうこと？」と質問をすると、「従業員は朝が弱く、30分でも早起きをしたくない」と言うでしょうというのです。そんなトンチンカンな話をしている時に、私は、ふと、この店の経営者との会話を思い出しました。

その経営者は、「うちは、夜の従業員はイマイチだが、朝の従業員は優秀で、売上を上げるために一生懸命に頑張ってくれます」と言っていたのです。

売上が厳しく、1人でも多くお客様を呼ばなければならない非常事態に、30分の努力すらも拒み、ブーイングだとは、本当に情けないことです。

私は、「30分の営業にブーイングではなく、3分の2になってしまった売上にこそ、ブーイングを出しなさい」と言いました。

私の経験から断言しますが、**売上が厳しいお店の「よい従業員」は、売れない状況においては「味方」ですが、いざ、売上を上げようとしたり、売上が上がったりした時においては、むしろ「敵」になってしまう場合が非常に多いのです。**

最近も、私に対して、サポートの依頼をしてきた経営者の方がいらっしゃいましたが、初回訪問の直前になって、「私は、お願いしたい気持ちでいっぱいなのですが、従業員が納得してくれません」「今のまま、自分達で頑張っていきたいと言うのです」と言ってきました。

この経営者は、最初のお問い合わせの際に、「いろいろ、自分達でやってきたが、売上は下がる一方で、もう自分達では立ち行かなくなっており、なんとか、力を貸してください」と悲壮感漂うメールを下さった方です。

それなのに、「今のまま、自分達で頑張っていきたい」という従業員たちの言葉をはね返せないのです。

この従業員達にとっては、暇で、ユルい、この店で働くのが「楽しい」のではなく、「楽」なのです。楽をしてお金をもらえる環境を、コンサルタントに壊されたくないのです。

もしも、この店の従業員達が、本当にお店の危機を感じ、なんとかしなければと思っているならば、もっと前向きな意見が出てきたはずです。

先にもお伝えしましたが、あるお店でのチラシが爆発的な反響だった。

ところが、そこの従業員から、「今後は、あまり効果のないチラシにしてもらえませんか？」とクレームを言われたなんて話は、嘘のようでしょう？

売れなくて困っているお店が、売れたら、なおさらに困ると言っているのですから、開いた口が塞がりませんよね。

いかがですか？　「昨日の味方が、今日の敵になることもある」ということを「確かに」と思えるならば、あなたは、正常な思考をお持ちの方でしょう。逆に、「そんなことはない」と思った方は、もしかしたら、カンチガイ経営者かもしれませんよ。

●従業員もお客様も、店の「進化」「発展」を理解してもらいつつ進んでいく必要がある

私は、20代のほとんどを飲食店の店舗社員として過ごし、その後半は、店長でしたが、この「昨日の味方が、今日の敵になることもある」という現実の壁に何度もぶち当たりました。

しかし、この壁は、いわゆる「問題」が突然に発生するような壁ではありません。むしろ、それは、経営者（店長も含む）の成長や、お店の売上のアップの際に起こる、いわば「成長の兆し」なのです。分かりやすい例でいえば、子供が成長して足が大きくなると、いままで履いていた靴が履けなくなって、もうひと回り大きな靴を履くのと同じです。

経営者の成長やお店の売上に伴って、従業員に求める「サイズ」も違ってくるだけのことです。

ただし、カンチガイしないでいただきたいのは、私は、従業員も靴と同じように履き変えなさいと言っているのではありません。

「昨日の友」が「今日の敵」になってしまうことも!

靴は、サイズを大きくすることは出来ませんが、人は、意識次第で、大きく成長することも出来るのです。

つまり、**日頃の従業員教育が、「現状維持」のための教育ではなく、「進化」「発展」を常に意識した教育でなければならない**のです。

そういう私も、店舗時代の前半は、そのことに気づけずに、何人もの従業員を辞めさせてしまいました。

その反省から、店舗時代の後半は、従業員に対して、常に、新しいテーマを与え、出来ていることは認め、出来ていないことは、時には厳しく指導するように心がけました。

そうすることによって、店全体が成長していくことを実感出来るようになったのです。この感覚は、とても重要なことです。あなたは、「店全体が成長していく」ということを実感出来ていますか?

そして、ここでも、カンチガイ思考を忠告しておきましょう。

「店全体が成長していく」という実感がありますか?と質問をすると、「はい、実感していますよ、以前は、いろいろと注意することばかりでしたが、最近はあまり注意することもなくなりましたから」と答える人が非常に多いですが、これって、先ほどお伝えした「現状維持型教育」の典型的な状態ですからね。

言うことがなくなったということは、従業員が成長したのではなく、お店の成長が止まっているということなのです。

そして、その状態が長く続くと、いわゆる「昨日の味方が、今日の敵となる従業員」を増殖させてしまうのです。

恐ろしいことに、これは、従業員だけではなく、実は、「お客様」にも当てはまります。

これも事例を盛り込んで説明しましょう。あるお店では、様々な取り組みの成果で、お客様が増え続け、とうとう150%を超えるような状況になりました。ところが、店長がイマイチ浮かない顔で私に相談を持ちかけてきました。「常連のお客様から、以前は、誰もお客がいなかったからのんびり出来たのに」と嫌味を言われたと……。私は、思わず苦笑いするしかありませんでした。

結局、これも先ほどの従業員同様に、お店が（危機的に）売れていない状況下では「よいお客様」だったとしても、繁盛してからも「よいお客様」であるとは限らないのです。

そう考えていくと、売上を回復していく手順は、経営者の視点と思考が変わり、従業員が進化・発展のためのテーマに取り組み、お客様の層が変化・拡大していくということになりそうですね。

そして、経営者も従業員もお客様も、お店の繁盛を喜んでくれる状態を目指さなければなりません。

私のコンサルティングの経験からも、結局、この部分がパイプの詰まり状態になっていて、そこがクリアになると、売上が動き出すことが何度もあります。

なんだか、悪い事例ばかりになってしまいましたので、逆に、私のサポートがスムーズに進み、成果も早く出るクライアントの特徴もお伝えしておきましょう。

それは、初回訪問の時に、おおよそ分かります。サポートがスムーズに進むお店は、従業員が全員、私の存在を事前に聞いており、なかには、「佐野さん、私、本も何冊も読ませていただいて、お会いするのを楽しみにしていました」と笑顔で言ってくださる従業員の方もいらっしゃいます。

そして、自分達が、進化・成長することに意欲的なので、私の言葉に、耳をダンボのようにして聞き入り、どんどん、疑問や質問をぶつけてくれます。

まあ、言うまでもありませんが、その逆のお店は、私が訪問すると、従業員が、「この人、何者？」という顔でジロリと睨みます（苦笑）。

あなたのお店は、いかがでしょうか？　いま一度、あなたのお店を見つめ直してみてください。「現状維持型教育」になっていませんか？　前に進まずに、足踏みをしていても、売上は下がる一方です。

18

原価に固執する「原価率病」に要注意

私は、この本の中でも「原価率」より、お客様にとっての「価値率」が重要であること、また、「原価率」より、「荒利額」が重要だとお伝えしてきました。

その点について、もう少し伝えたいことがありますので、事例を出しながら解説したいと思います。

先日、あるお店で試食をすることになりました。

その中の1品は、お店の（お肉を使った）名物メニューということで、かなり期待をしていました。

ところが、まず出てきた瞬間に、そのチープなイメージに「あれっ？」と肩透かしをくらい、口にした瞬間に、「ん？」と首をかしげてしまいました。

はっきり言って、見た目がチープで、おいしくない。

これが名物メニューなのか？　いや、これが、名物メニューであってよいのだろうか？という疑念がふつふつと湧いてきました。

私は、まず、調理時間と調理温度に問題があると気づき、私が指示した調理時間と調理温度で、再度、作ってもらいました。

すると、食材のチープさは別にして、商品の調理完成度は、合格点が与えられる状態になりました。

あとは、食材を見直せば、なんとか名物メニューとして恥ずかしくない状態にはなれそうでしたから、そう提案すると、経営者のAさんは、「出来ればそうしたいのですが、原価が1・5倍になって、原価率が跳ね上がってしまうのです」と言います。

いかがですか？　ここまでの話だけを聞けば、あなたも、（原価が1・5倍はきついなあ）と思われたのではありませんか？

●原価率が上がっても、荒利額が増える視点

では、それに対しての私の考えを説明いたします。

このメニューの売価は、「600円」。そして、使っている食材原価が「140円」ですから、原価率は、「23・3％」ということになります。

Aさんは、この状態で、食材を変更すると、食材原価が1・5倍の「210円」になり、原

価率は、「35%」になってしまうというのです。

私は、たとえ原価率が35%になったとしても、名物メニューとしての価値率を高めることは、お店にとって、とてもとても重要なことだと考えますが、Aさんは、どうもスッキリしない様子です。

私は、苦笑しながら、「ならば、売価を680円にしてでもいいから、このメニューの価値率を高めませんか?」と言うと、Aさんは、電卓をたたいて、「それでも、原価率は、30・9%ですから、現状よりは、やはり原価率が7・6%も上がってしまいますね」と渋い顔です。

私は、「荒利額で考えてみてはいかがですか?」とAさんに伝えました。

当初の荒利額は、「600円」から「140円」を引いて「460円」ですが、私の提案ですと、「680円」から「210円」を引いて「470円」になるのです。つまり、商品の価値率は倍増し、さらに荒利額も10円増えるということなのです。

あいかわらずの万年「原価率病」のカンチガイ経営者には、考えられないことかもしれませんが、私が言う「原価率よりも荒利額」という意味はこういうことです。

また、「価値率」がいかに重要であるかを証明する事例を紹介しましょう。

あるお店で、これも一番人気の串メニューがありました。私は、毎月、このお店のメニュー

原価率「だけ」にとらわれずに、
荒利額がどうかの面からも考えよう

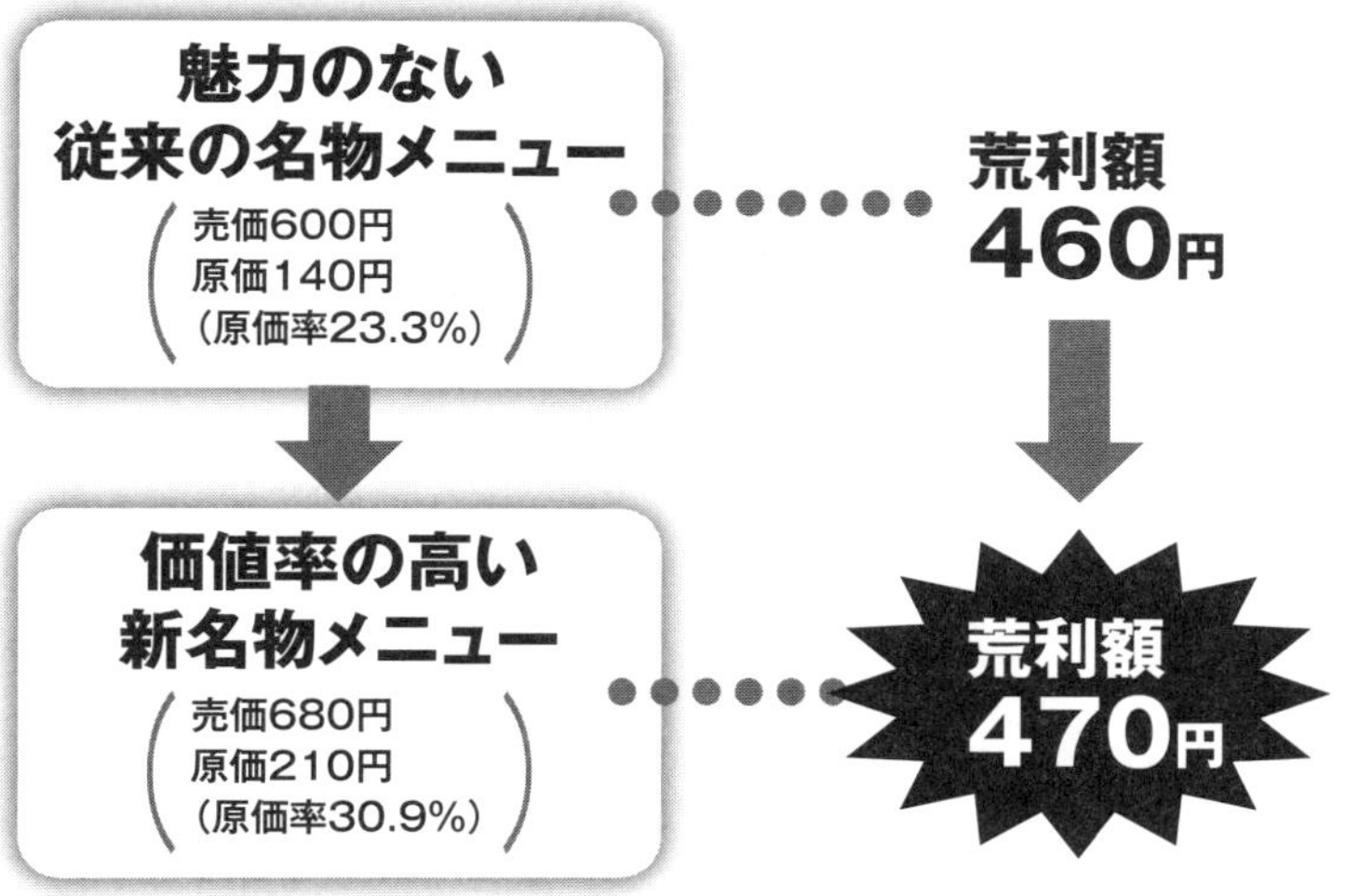

原価率の高さばかりを気にするのではなく
荒利額(利幅)も意識してメニュー強化を図る必要がある

別の販売データをチェックしているのですが、ある時、この一番人気の串メニューの販売個数が半減していることに気づきました。すぐに、店長に聞いてみると、「実は、原材料費が高騰したので、量を減らしたんです」と言うではありませんか。

このメニューは、売価「３５０円」で、原価が「１００円」から「１３０円」に上がったというのです。

私は、この時も、出来るならば、原価が上がっても、同じ売価、同じ量で頑張るべきだと伝えたのですが、これまた微妙な表情でしたから、先の事例と同じように、「原価が上がった30円を売価に乗せて、量は、以前のボリュームに戻すべきだ」とアドバイスをしました。店長は、私の説明に納得し、すぐに量を元に戻しました。

するると、半減した販売個数が、約2ヵ月で元の販売個数に回復したのです。私は、この時に、あらためて、お客様は、しっかりと商品の「価値率」を見定めているのだなと痛感しました。

この2つの事例で、私がお伝えしたい「原価率」よりも、お客様にとっての「価値率」が重要であり、「原価率」よりも、「荒利額」が重要だという意味をご理解していただけると思います。

もっとハッキリ言えば、「飲食店は、お客様が喜ぶメニューを提供しながら、しっかり儲けること」という、一見、相反するようなことを両立させるところが腕の見せ所です。

原価が上がったから、単に値上げをしたり、単に量を減らすだけでは、あまりにも脳がないではありませんか。

もう一つ、とどめの事例を紹介しましょう。

●低原価商品を売り出しても、売れ残れば無意味に

あるお店で、私は、あるテイクアウト商品（スイーツ）を提案しました。ユニークなその商品は、絶対に売れるという確信がありましたが、いわゆる原価が７００円で、通常ならば、２０００円ほどの売価をつけたいところを、あえて、１２００円の売価設定を提案しました。

私は、この商品が、１５００円以上の価格ならば、いわゆる「普通レベル」の価値率でしかなく、そこそこしか売れないだろうと判断したのです。

ちなみに、それまでのこのお店のテイクアウト商品の売上は、一日平均１０００円にも満たないような状況（ほとんどゼロってことです）でしたから、この商品が、一日10個でも売れれば、売上１万２０００円、荒利５０００円を稼ぐことが出来ます。一ヵ月では、売上36万円、荒利15万円になります。

調理も必要なく、冷凍した商品を単に渡すだけの簡単メニューですから、売れれば売れるほど荒利が稼げます。

さて、そういう感じで売り出してみたら、なんと、一日10個どころか、一ヵ月で７００個を超える大ヒット商品となりました。

店全体の売上が、一ヵ月で２５０万円前後の店で、84万円のテイクアウト商品が売れたわけです。（荒利額は35万円）

しかし、従業員一同が大喜びと思いきや、その店の経営者だけが何とも複雑な表情で、「荒利が少ない」というのです。

さらには、自分で、３００円の売価設定のスイーツ商品を別に見つけてきて、従業員に、「これの方が原価率も低いから、こっちを積極的に売ってほしい」と言っていたのです。

確かに、その商品は、原価60円で、原価率は20％です。しかし、私から見て、どう判断しても、価値率が普通すぎるのです。

従業員もそれが分かっていて、私に「どうすればいいのでしょうか？」と相談してくる始末です。

私は、「結果的に売れればそれでよいし、売れなければ、そこから気づきがあるだろうから、経営者が言うのだから、売ってみなさい」とアドバイスをしました。

結果は、私の予測をはるかに下回り、一ヵ月の販売個数が2個、逆に、１２０個の在庫のうち１１８個が賞味期限となり、総合的に、利益どころか赤字商品になってしまったのです。

私は、クライアント先でよく**「原価率なんてものは、売れてからの話であって、売れなければ、それは、在庫か廃棄ロスなんですよ」と忠告していますが**、この事例などは、まさにこの言葉にピッタリの結果なのです。

原価率が58％で、35万円の荒利を稼いでいるのに対し、原価率が20％の商品でも、廃棄も含めて6600円の赤字を出しているわけですね。

これぞ、ああカンチガイ経営ではありませんか！

また、私は、よく「価値率が普通」という表現をしますが、これは、お店サイドで、商品の試食をしたりした時の注意点として覚えておいてほしいのです。

いわゆる、自分達が、「普通においしい」「まあまあの出来」だと評価した料理は、（ここでは、分かりやすく、そのレベルを60点とします）お客様から見れば、0点だということを肝に銘じてほしいのです。

「自分たちの60点＝お客様の0点」

それは、あなた自身がお客様の立場で、お店を選ぶ感覚になれば、すぐに理解出来るでしょう。よほど便利な場所にあるとか、他に店がないとかの理由がなければ、お客様は、わざわざ普通の店には行かないのです。

あなたのお店の「価値率」は、大丈夫でしょうか？「原価率病」にかかったりしていませんか？

19

人材を遮断する経営者の「思い込み」に要注意

人は、生きて行く中で、いろいろな雑念がこびりついていくものです。

特に、閉塞された環境の飲食店においては、なおさらです。

その中の一つに、「思い込み」や「決めつけ」という「雑念」があります。

そして、自分本位の勝手な解釈で物事を判断してしまうことで、本来は、大きな戦力になるはずの人材を見過ごしてしまったりすることが多々あるのです。

少し話が脱線気味になりますが、お許しください。

私は、九州の出身ですが、お酒は強くありません。

すると、どうでしょう、これまでに、何百回となく、「ええっ？　九州男児なのにお酒が飲めないのですか？」と真顔で聞かれました。

言うまでもありませんが、九州の人でもお酒が弱い人はいっぱいいますし、秋田美人と言っても、秋田には、そうではない人も（苦笑）いっぱいいますよね？

また、何かと「世代区別」をしたがる人もいます。それで言うと、私は、「スポ根世代」だそうですが、私の性格は、まったく当てはまりませんし、学生時代を思い出してみても、同世代であるはずのクラスメートは千差万別、各々に違う性格を持っています。

さらに、こんな思い込みもあります。

ある有名な二代目の男性芸能人が、若い女性モデルとの対談で、「好きな男性が出来たら、その男性のお父さんを見てごらん、それが、その男性のコピー（未来像）だから」と言っていました。それを聞いた女性モデルは、「奥の深い言葉ですね。参考になります」と喜んでいましたが、ちょっと、ちょっと、その思い込みもおかしいでしょ？

たとえば、私と父は、まるっきり生き方も性格も違う人間ですし、私と弟もまったく別人格です。おまけに、私の息子も、私がまったく理解出来なかった科目ばかり得意としています。

●スポーツ経験者はすべて根性があるとか、夢は1つでなければダメとか…

先日もある店の経営者が、「私は、スポーツをやっていた人間しか採用しない」と言うので、どうしてですか？と聞くと、「スポーツをやっていた人間は根性があるから」だというのです。

私は、学生時代、飲食店でアルバイトをしていましたが、他の追随を許さないくらいに仕事を頑張ってきました。ですが、私は、スポーツは、かじるほどしかやっていませんし、スポーツをやっている人間でも、いわゆる根性なしで辞める人はいっぱいいました。

また、飲食業界では有名なある経営者は、従業員に「君の夢は？」と聞いて、その従業員が2つ3つ夢を語り出したら、それを遮《さえぎ》り、「その夢は叶わないよ。夢は1つでなければ叶わないんだ」と、これまた決めつけていました。

いいじゃないですか、若者が、夢を2つ語っても…（苦笑）そう思いませんか？

飲食店に限らず、人を活かす経営者と、人をダメにする経営者の違いは、その人材の「可能性を広げられる」か、「可能性を遮断する」かの違いに尽きるのではないでしょうか？

私自身、店長時代、（この子は、すぐ辞めるだろう）と思っていた子が、後々、お店の中心的な人材に育ったり、逆に、（この子は、将来、お店の中心になってくれるだろう）と思うような子が、早々に辞めてしまったりしたことが多々ありましたから、先入観で、人を決めつけるのは、非常にまずいことだなあと感じていました。

あなたは、大丈夫でしょうか？

リーダーが断言した場合、部下は、そう簡単には異論を唱えることが出来ませんから、「思い込み」や「決めつけ」で、人の「可能性を遮断する」カンチガイ経営者にはならないでほしいのです。

また、この話をする場合、まったく逆の場合もお伝えしておかなければなりません。

それは、自分の「思い込み」や「決めつけ」の範囲内にいる人に対しては、よく話もしないうちから、「彼は、超優秀な人材だ」「彼女は、いますぐ店長にしてもいいくらいの人材だ」などと、早々に太鼓判を押してしまうのです。

私は、このことを「見切りが早過ぎる」と言ってよく注意しています。

つまり、「スポーツをやっていた人間は根性がある」という思い込みを持っている経営者は、たとえば新人が、「ラグビーをやっていました」なんていうと、もうそれだけで、「彼なら大丈夫だ」なんて言いながら、何年も働いてくれている従業員に対して、「彼が入ったら、君なんか、すぐに追い越されるぞ」などと言うものだから、瞬時に、お店には、不協和音が鳴り響く、なんてことは本当に多いのです。

あなたの近くにも、そんな経営者や店長がいませんか？

そういう私も、飲食店の社員になりたての頃は、面接も下手で、本当に、自分には、人を見る目がないんだなと落ち込むことばかりでした。

そんな中、私は、従業員と接していく上で、いくつかの自分自身への決め事を設定しました。そして、どんなことがあっても、その決め事を守るように心掛けました。

その決め事を次にご紹介いたしますので、ぜひ、参考にしていただきたいと思います。

①求人の問い合わせがあった場合は、たとえ、お店の条件とほとんどかみ合わないような場

ラグビーをやっていたという新人を話題にして
「彼が入ったら、君なんかすぐに追い越されるぞ」
と言って従業員間に不協和音が…

合でも、必ず会ってみる。

②面接をした時の印象が悪くても、それだけで判断せず、その悪い点が改善出来るかどうかを見るようにする。

③印象や直感で、人を褒めたり、叱ったりせず、行動を見てから評価をする。

④教えていないことが、出来ないのは問題ではなく、教えたことが出来ないことが問題であると考える。

少し説明を加えましょう。

①に関しては、求人募集をかけて、それに応募していただいたことに、まずは感謝をしなければならないということです。また、電話での聞き取りだけでは、分かり得ないニュアンスがいっぱいあります。実際に、電話では、条件が合わないと思っていた子が、面接をして話したら、融通がきくことが多く、よい子が採用出来た例は、本当に多いのです。

もし、会っていなければ、その子たちが働くことはなかったわけですから、「とにかく会ってみる」ことです。

②は、たとえば、お店で「茶髪」を禁止しているとします。そこで、茶髪の子が面接に来たら、どうしますか？　ほとんどのお店が、それで不採用にしていますが、お店で働く以前の髪

の色が、赤でも、茶でも、よいのではないでしょうか？　大切なことは、「黒髪」に戻せるかどうかなのです。

③に関しては、単純に、思い込みで人を判断するのは、とても失礼なことなのです。

④は、②と同じようなことですが、たとえ、それが一般常識であろうと、その子にとっては、常識でないことは、いくつかあるはずです。それを、「常識も知らないような子はいらない」と関係を遮断するのではなく、教えてみてほしいのです。そして、教えても故意にやらない場合に初めて、次の判断をすればよいのです。

いかがでしょうか？

少なくとも私は、この4つの決め事で、見逃してしまいそうな「人材」を、いっぱい「発掘」出来るようになりました。

そして、そうなればなるほど、飲食店の社員になりたての頃の自分自身に、腹が立ち、悔いが残っています。なぜなら、いわゆる「よい人材」をいっぱい失ってきたからです。

いまさら遅いですが、あの頃に戻れるならば、絶対に、みんなと心を分かち合い、素晴らしい仕事が出来たのに…と思うのです。

その思いは、25年ほど経過した今でも、私の心の中にあります。

皆さんには、将来、私のような悔しい思いを持ってもらいたくありません。

「最近は、ろくな奴しか来ないなぁ」とボヤくのは簡単です。そして、思い込みという「雑念」で、人を判断するのも簡単です。

でも、その前に、考えてほしいのです。あなたのお店で「働きたい」と言ってくれただけでも、感謝・感謝・大感謝なのです。ご縁を大切にするのが商売の鉄則です。

この本を通じて、今までならば絶対に採用していないようなアルバイトが、一人でも多く、あなたのお店で活躍するようになるといいですね。

20

「ひらきなおり」社員が増殖する店の問題点

早いもので、私が、大学1年生の時に始めた飲食店でのアルバイトから、もう30年以上も経過しています。現在は、飲食店のコンサルタントとして働き、お陰様で、すでに40都道府県でお仕事をさせていただいたことになります。

そんななか、いつしか、私は、口癖のように「視点」と「思考」の重要性を説くようになりました。「どこに着目し、どう考えるか」ということは、仕事や商売だけに限らず、人生そのものさえも大きく左右するものだと思っています。

そこで、人における「視点」と「思考」の重要性を解説したいと思います。

私のクライアント先の50%は、1店舗の飲食店を営んでいらっしゃる個人経営者ですが、そんな個人店が抱える課題は、大きく2つに集約されています。

1つは、お客様「視点」と「思考」が希薄であり、もう1つは、従業員「視点」と「思考」が希薄であるために、簡単に言えば、お客様や従業員が、お店を好きになる「理由」や「魅力」がないのです。いくつか事例をあげましょう。

●間違った店長「抜擢《ばってき》」

あるお店では急に社員が辞めてしまったため、社員になって1ヵ月の男性を店長にしました。私はそのことを「よろしくない」と進言しました。

理由は、言うまでもなく、1ヵ月の社員にいきなり店長をさせる会社側の「無責任感」と本人が受けるであろう「プレッシャー」によって、本来ならば長く働いてくれるはずの社員が辞めてしまうことを危惧したからです。

さらには、それに伴うお客様への「ご迷惑」があっては大きな売上損失です。

しかし、私が反対した理由は、それだけではありません。

いや、それよりも一番に問題視している点があります。それは、既存のパートさんの問題です。このお店のパートさんは、経営者に対する不信感を露骨に顔に出していて、経営者が何を言っても言うことを聞かない状況なのです。

あなたは、「ひどい店だな」と思われるかもしれませんが、このような経営者と従業員の関係になっているケースは非常に多いのが現実です。

これらの問題の多くは、先にお伝えした「視点」と「思考」の欠如です。

問題のパートさんだって、突然に豹変することはなく、ほとんどの場合が、徐々にズレていくのですが、その段階での初期対応を怠ったために、どんどんと悪化し、最後は、「引きこもり」を超えて「ひらきなおり」状態になってしまうのです。

このお店の場合、社長さんが「私が気にかけてフォローしますから大丈夫です」ということで、1ヵ月の社員を店長にしました。

私に言わせれば、もうこの時点で「視点」と「思考」がブレているのです。正しい「視点」と「思考」を持ち合わせているならば、私が指摘した「会社の無責任感」「本人のプレッシャー」「パートの問題」という「視点」に対して、事前の解決を「思考」すべきなのです。

結果は、1週間も待たずに順次発生しました。（苦笑）

最初に、予想通り、店長とパートさんが衝突し、それも、営業中のお客様の前で大喧嘩となり、クレームにもなったそうです。

「私が気にかけてフォローしますから大丈夫です」と言っていた社長さんのフォローはなく、店長は、とうとう出社拒否をしてしまい、うつ病と診断され、自宅療養をしています。

この事例のそもそもの問題点は、何度も言いますが、「視点」と「思考」のブレです。このお店は、店長が辞めたから、早く誰かを店長にしなければならないという「視点」と、「1ヵ月の社員でも何とかなるだろう」という安直な「思考」でことを進めてしまったのです。

ただし、それは、この店長に対する「視点」と「思考」のブレであって、この店の根本的な問題は、それ以前に「ひらきなおり」従業員がたくさん増殖している環境を放置している点です。

あなたのお店はいかがでしょうか？　何かをやろうとすると、出来ない理由を並べたて、忙しいと不満げな顔をするようなスタッフはいませんか？

●「引きこもり」気味の社員が一転してすごい戦力になった

逆の事例もあります。

飲食店を複数経営するある会社の店長会議に参加したところ、なんだか、覇気のない暗い雰囲気の会議でした。

どうしたことかといろいろな情報を収集してみると、どうやら、ここも「引きこもり」社員と、「ひらきなおり」社員でいっぱいだったのです。

私は、なんとかこの団結（？）を切り崩したいと思い、その中の女性社員に着目しました。表情は、他の社員同様に「引きこもり」気味だったのですが、少ない発言の中にほんのわずかですが、ポジティブな意識を感じたからです。

これも大切な「視点」と「思考」です。私は、それからの訪問のたびに女性社員を気にかけ、基本的には、「褒める」ことを心がけました。

ところが、そうやって褒めていてもなんだか彼女の様子がおかしいのです。なんだか「褒められる」ということを敬遠しているような感じなのです。

私は、彼女に「褒められることに慣れていないいんでしょ?」「でも、あなたは、本当に褒めるに値する行動をしているんですよ」と話したところ、突然に彼女が号泣したのです。

私も、同席していた他の社員もビックリ、それも、昼食を食べているお店の中だったので、従業員や他のお客様もビックリしていました。

理由を聞くと、幼い頃からずっと、彼女は「出来て当たり前」と思われるような存在で、自分が難なくこなしても一切褒められず、逆に、他の人が、やっとの思いで出来たら、いっぱい褒められているのを見て、「ああ、私は、何をやっても当たり前で。褒められることはないんだ」と、気持ちをどんどん閉ざしていったそうなのです。

だから、「私は褒められることはないんだ」と決めつけていたところに、私が褒めるものだから、どうすればよいのか戸惑っていたのです。

私は、すぐに社長さんに、いままで通り店長をやりながら、彼女を他の店舗を指導する役職にしてはどうかと提案しました。最初は、社長さんも大丈夫かなという表情をしていましたが、最後には、理解を示してくれました。

そうしたら、彼女は、水を得た魚のように、みるみる表情が明るくなり、会社全体に大きな影響を及ぼすほどの頑張りを示してくれました。

私は、毎回、次なるテーマを与えていますが、彼女は、難なくこなしていきます。現在、彼女が店長を務めるお店は、社内5店舗の中でもダントツ1位の売上であり、さらに、ダントツ1位の伸び率を示しています。

月商1000万円規模のお店を20%ほど伸ばし続けているのですから、恐れ入ります。彼女のお店があるショッピングセンターのテナント内でも、大手チェーンがひしめき合う中で、前年比の伸び率2ケタは彼女のお店だけなのです。この事例も、もし、社長さんが、彼女を「引きこもり」社員としてしか見ていなければ、このような成果は生まれていないのです。

この2つの事例は、ある意味同じような「抜擢」を行なっているにもかかわらず、かたや「うつ病」状態、かたや「水を得た魚」状態になっているところが残酷なコントラストですね。

では、どうすれば正しい「視点」と「思考」で人を動かすことが出来るのでしょうか？　簡単に一言で言えるテーマではありませんが、最初に、月並みな言葉ですが、「相手の立場」から物事を考えるべきでしょう。

飲食店の経営者がよく口にする言葉ですが、従業員に対して「経営者意識を持て」なんて怒鳴っている人がいますよね？（もしかして、あなたもその一人ではありませんか？）

私に言わせれば、これこそ、大きなカンチガイ経営者ですよ。

時給や固定給である以上、経営者意識であるわけがないでしょう。さらには、何の権限もなく、決まったことをやらされるだけの人がどうして経営者意識を持てるでしょうか？

●カンチガイ経営者こそ「従業員意識を理解すべき」

私は、そんなカンチガイ経営者に言ってやりたい。従業員に対して経営者意識を求める前に、経営者であるあなたが、「従業員意識を理解しなさい」と（苦笑）。その「視点」から物事を考えていけば見えてくるのです。

どうすれば人が動くのかということを真剣に「思考」するのです。そして、それを「言葉」にし、「理解」させ、もっともっと自分の店を「好き」になるようにしなければいけないのです。

そのためにも、店の魅力、経営者の魅力を磨かなければなりません。

自分がどこかのセミナーに行くのもよいですし、従業員をセミナーに行かせるのもよいでしょう。でも、その時間以上に、経営者と従業員は向き合わなければなりませんよ。そこから目（視点）をそらさないでください。それが、経営者の「覚悟」ってやつです。

カンチガイ経営者は、決まって、目前の問題から逃げてしまいます。特に、人、もっと言えば「自分が言いにくい人」から逃げてしまいます。そうすると、従業員は、やがて「引きこもり」から「ひらきなおり」へと成長（？）してしまうのです。

21 いまこそ店の「一番」について考えよう

私は、フォークシンガーの南こうせつさんの大ファンです。

コンサートには、もう30年近く行き続けていますが、南こうせつさんが、以前、「自分が一番得意なことを一生懸命に頑張ることが、一番のボランティアだ」という意味のことを言われました。

私は、その言葉にとても感銘を受け、そのことを常に心がけるようになりましたが、この言葉は、東日本大震災以降の日本にとって、まさにうってつけの言葉ではないかと思います。

野球選手は一生懸命に野球をやり、農家の人は一生懸命においしい作物を作り、飲食店は一生懸命においしいおもてなしをすることが、経済を活性化し、国を動かしていき、それが、大きな意味でのボランティアとなるのです。

ただ、ここで大切なことは、何でもかんでもがむしゃらに頑張ればよいというものではないということです。

●売れ筋商品の改善・強化よりも、売れるかどうか不明な新商品に注力するカンチガイ

また、売上の減少に動揺して、あれこれと手を出すのも考えものです。

地方のあるカフェでは、2011年3月11日の震災後、売上が急降下したことに動揺し、以前から商品化したいと考えていた「瓶詰めのスイーツ」の販売を強化すると言い出しました。

もちろん、あせる気持ちは分かりますが、この店が何よりも取り組まなければならないのは、カフェの売上回復です。この会社にとっての「一番」は、「カフェ」であって、「瓶詰めのスイーツ」ではないはずです。市場環境が厳しければ厳しいほど、この「一番」に集中した取り組みを行なわなければ、いわゆる「勝ち目」はないのです。

もちろん、この場合の「瓶詰めのスイーツ」が、非常に魅力的な商品で、新しい「一番」商品になる可能性があるのであれば、別ですが、残念ながら、このカフェの「瓶詰めのスイーツ」は、いたってノーマルな地味なものだったのです。ちなみに、このカフェの店は、月間で400個売るスイーツ（テイクアウト商品）を販売しているのですが、この経営者は、「販売個数が落ちてきている」と言って、このスイーツに対して、売る気も興味も失っています。

おかしいと思いませんか？　月間400個を売り、月間20万円の利益を出している商品を売らずに、今のところ1個も売れていない「瓶詰めのスイーツ」に力を注ぐというのですから…。

このような事例は、珍しい話ではありません。

私に、コンサルティングの依頼をされる方の3分の1くらいのお店は、インターネット通販に手を染めて、相当な経費の無駄使いをし、お店の収支をさらに悪化させています。

これらの失敗思考の根底には「店の売上の不足分を、通販で補おう」という思いがあります。

つまり、コップ（お店）の水（売上）が満たない分を、別のコップ（通販や今まで売ったことのない商品）を用意して補おうとしているのです。これこそ、まさにカンチガイ経営です。

正しい考え方は、コップ（お店）の水（売上）が溢れるくらいに繁盛した時に、新しい販路を設けるべきなのです。

先に伝えた、「自分が一番得意なことを一生懸命に頑張ること」をしないで、通販や今まで売ったことのない商品を半端な気持ちで売っても上手く行くわけがありません。

お店本体の売上を「一番」に考え、「一番」の商品を徹底的に売り込み、地域のお客様から、「〇〇ならば、あの店が一番だね」と言われるような存在価値を作り出すことが繁盛の鉄則であり、それは、地域のお客様にとって、かけがえのないお店になることでもあるのです。

私が知る限りの日本全国の飲食店の状況ですが、東日本大震災以降、売上が急降下している店は、結局、震災前においても売上は苦戦していたという店がほとんどです。

つまり、東日本大震災以前において、売上が好調だったお店は、震災以降も大きくは売上を落としておらず、いわゆる、売れている店と売れていない店の「差」が震災以降、益々ついてしまったというだけなのです。

あなたのお店は、いかがでしょうか？　もしも、震災以降、売上低迷が顕著になってきていると感じられるお店は、お客様から見た「一番」がぼやけている可能性が大です。

この機会に、いま一度、「自分の店は、何を一番の売りにして生き残るのか？」「自分が一番得意なことを一生懸命に頑張っているか？」という自問自答を行なってください。

東北のある飲食街は、もともと厳しい状況が、震災でさらに悪化し、どんどんと飲食店が潰れていっています。その中にある、私のクライアント先は、大リニューアルを行ないました。

経費を莫大にかけたという意味ではありませんよ。

それまでの「何でもおいしい店」から、「○○のおいしい店」に大変身をさせ、従来のイメージを打破し、「一番」をより訴求するために、屋号までも変えるチャレンジを行ないました。

その結果、東日本大震災が発生した3月は、合計3日間の停電による営業中止があったのですが、前年対比130％を達成し、4月は、なんと、前年対比160％を売上げたのです。

「○○の一番おいしい店」となったこの店は、近隣の飲食店が、前年対比80％前後で苦しんでいる中で、160％を売り、まさに一人勝ち状態になったのです。

この店の成功理由は、**「自分の店は、何を一番の売りにして生き残るのか」**を決め、**「自分が一番得意なことを一生懸命に頑張っていく」ことを貫いた**からに他なりません。

22

繁盛店は「売れる」に商品・時間・人を集中している

２０１１年3月11日に発生した東日本大震災で、日本は、戦後最大の犠牲者を出してしまいました。

また、東日本大震災以降、日本人は、深い悲しみと不安の中、様々な価値感が見直されるようになってきたと思います。

では、飲食業界においてはどうでしょうか？　先にもお伝えしましたが、業績は、完全に二極化傾向にあると言ってよいでしょう。

私のクライアント先では、ほとんどのお店が、２０１０年より２０１１年、２０１１年より２０１２年、そして、２０１２年より２０１３年と売上を上げています。

こと売上に関して言えば、東日本大震災はまったく問題ないわけです。

ところが、東日本大震災以降に、私にコンサルティングのご相談をされる方は、ほとんどが、「東日本大震災のせいで…」と言われます。

そして、詳しく状況を聞いてみると、これが、ほとんどのお店が、「売れない時間」に、「売れない商品」を、「売れない人」で、売ろうとしています。

こうやって文章で読むと、「そんなので売れるわけないじゃないか」と分かりますよね？

では、なぜ、その分かりきったことに気づけないのでしょうか？

その大きな要因は、「他責思考」にあります。つまり、売れない時間に、売れない商品を、売れない人で売ろうとしているから売れないのだという自責がなく、「東日本大震災のせい」（他責）で売れないのだと考えているからです。

ですから、売るべき時間に、売るべき商品を、売れる人で売ろうとせず、未来のない商品をあれこれ売ろうとします。

たとえば、ある焼肉店では、店頭に「カレーライス」と「もつ鍋食べ放題」のポスターをいっぱい貼っていましたので、「なぜ？」と質問すると、焼肉が売れないからだという返事でした。

ならば、「カレーライス」と「もつ鍋食べ放題」が売れているのか？と調べてみると、月商700万円規模のお店で、1日1～2個しか出ていないのです。

そして、売れないと言っている焼肉は、その何十倍も売れているのです。

そこで、私は「カレーライスはやめませんか？」と提案すると、「ファンがいるので継続したい」という返事です。

いかがでしょうか、仮に、このカレーライスが、いまの3倍売れて、3～6個出たとして、このお店の危機を救ってくれるでしょうか？　答えは、ＮＯです。

やはり、焼肉店は、焼肉が売れなければ、売上低迷の歯止めはかからないのです。

同じように、ラーメン店が、14時～17時の売れない時間にコーヒーを売りたいと言ってきたこともあります。

私は、こんな場合、「あなたのお店の生命線である商品を、売れる時間に一生懸命に売る努力が先でしょう」とアドバイスをします。

ラーメン店が、16時にコーヒーを売っても業績回復はしません。逆に、２０１１年以降も飛躍的な売上の伸びを示したお店は、「売れる」商品・時間・人に集中しています。メニューを3分の1に絞り込んで、売上が１５０％になった店もあります。

そして、その店のスタッフは、売上が１５０％になっても、メニューが3分の１になったことで、オペレーションが驚くほどスムーズになり、忙しさを感じないどころか、「まだまだ売れると思います」という力強い言葉まで言ってくれました。

あなたのお店も、今一度、「売れる」に集中しているか分析してみてください。

その際に、出来る限り、正確なデータを元にして分析を行なってください。自分自身やスタップの思い込みや感情で「結構出ている」なんていう曖昧な分析ではダメなのです。

●中途半端なABC分析の活用は危険

そして、出来ればメニューのカテゴリー別のランキングをつけてみるとよいでしょう。

最近は、どこの店でも、中途半端なABC分析をやっていますが、やり方によってはとても危険を伴います。

たとえば、Aという商品が500個出ていて、Bという商品が460個だとします。これを数字だけで見れば、Aの方が出ているということになりますが、これをお店の情景から見たらどうでしょうか。

もしも、Aという商品が、店頭や店内、メニューブックに大々的に訴求しているものであって、逆に、Bという商品がまったく目立たない訴求だとしたらどうでしょうか？　むしろ、この店では、Bという商品が大ヒットする要素を秘めていると言えるのではないでしょうか。

私は、そんなメニューを発見するのが得意ですので、本当に驚きの大ブレイクになることがよくあります。

あるお店のハンバーグランチはその観点で訴求を変更し、販売数が実に20倍になりました。

それから、ABC分析でトップの商品が必ずしもお店を救っているとは限らない場合もあります。

一番売れている商品が、仮に、商品力がなく、まずいメニューだったとしたらどうでしょうか？　そのメニューが売れれば売れるほど、その店の評判を下げてしまうことになるのです。

そう言うと、「売れている数が多いということは、おいしいからじゃないの？」と言う人もいますが、そうではない場合もあるのでご注意を！

特に、一見客の多い店などでは、おいしいかどうか分からない状態で、偶然に注文しやすいメニューだから売れている場合もあるのです。

実際に、冷凍焼そばがダントツの一番人気だったある居酒屋は、売上が年々落ち続けて、とうとう閉店になったそうです。

もう一つ、「売れる」に集中することで大きな成果を出した事例を紹介します。

その店は、居酒屋で、ある人気メニューがありました。細かい数字は抜きにして、分かりやすく、この人気メニューの販売数を「100」としたら、二番目に売れているメニューですら、「30」程度ですから、ダントツの人気メニューですよね。

でも、私はあえてこのメニューをもっと売ることをアドバイスしました。するとそこの経営者は、予想通り（？）「この商品は、もうこれ以上は売れないと思います」「売れているものよりも売れていないものを売りたい」と言い出しましたが、時間をかけてなんとか説得をし、この1番メニューを大々的にアピールしてみました。

その結果、いままでダントツの「100」売れていたメニューが、なんと「460」売れたのです。しかも、それを継続して約1年が経過した時には、とうとう前年の売上200％（つまり2倍）を達成したのです。

最初にもお伝えしたように、この店は、「東日本大震災のせいで…」なんて言いませんし、この店は、東北のお店です。

もしも、あなたが、売れない理由を他責にしてきたのならば、今ここで、心を入れ替えていただきたいのです。

先日、新しいクライアント先の社長さんとお話をしていると、とても面白いことを言われました。社長さんは、私の本をお読みになられて、「この人は嘘をついている」と思ったそうです。なんでも、年々、売上は下がるのが当たり前の時代に、10％上げるのだって大変なのに、150％とか200％になるわけがないと。（苦笑）

しかし、直接お話をして、本の内容がすべて事実だと知り、本当に驚かれました。

さあ、あなたも、脇目を振らず「売れる」に集中してみませんか？

もちろん、**これからも、飲食店の市場環境は非常に厳しいでしょう。しかし、それは、市場の「平均値」が厳しいだけです。売れている店は、ちゃんと売れ続けているのです。**

23 カンチガイなメニューブック・6つの改善点

私が、クライアント先に対して指導している「基本的なメニューブックの考え方」についてお伝えしたいと思います。

私は、依頼を受けて、初回訪問をした際に、何よりも驚くのが、「メニューブックに何の工夫もない店ばかり」だという点です。中には、10年くらいそのままのメニューブックを使っているところもあります。

もちろん、それが考え尽くされたものであればよいのでしょうが、聞けば、「オープンの時にバタバタで作ったままです」なんて言われるので、本当に頭が痛くなります。

私の指導の特徴は、ベーシックな視点とユニークな思考を織り交ぜていく点ですから、まずは、料理そのものの価値観と、それを表現するメニューブックをとても重要視しています。

では、典型的な悪い事例を軸に、「メニューブック・6つの改善点」をお伝えしていきましょう。

改善点①【売りたいメニューが分からない】

これは、単に、順番にメニューを並べているだけで、お客様の注文を、ナビゲート出来ていないのです。メニューブックの大きな目的の一つが、この〈ナビゲート〉です。

「この店は何がおいしいのかしら？」「お腹がすいたからボリュームのある料理を食べたいな」「どの組み合わせがお得なのかな？　いろいろ食べたいけれど」というように、お客様は、お店に対する「期待」と自分の「好み」をすり合わせながらメニューブックを見るのです。

ですから、単にメニューを並べて書くのではなく、「おいしそう」「どんな味かな」「食べてみたい」と、お客様が楽しくワクワクするような表現が必要です。

改善点②【売りたいメニューが多過ぎる】

これは、いわゆる差し込みメニューなどで、多い店では、グランドメニュー以外に10枚もの差し込みメニューがあり、私が驚いていると、なんと、その差し込みメニューには、さらに裏面にもメニューが書かれていることもあります。

一見、①と②は、別々のお店の話のようですが、実は、一番多いのが、この①と②の複合型です。

つまり、地味で訴えるものがないグランドメニューと多種多様な差し込みメニューが混在し

カンチガイなメニューブックでは お客の注文を“ナビゲート”できない!

客単価アップ作戦が
見え見え
売りたいメニューが
わからない
あれ?、
売りたいメニューが
多過ぎる
MENU
カテゴリー思考が
乏しい
「本腹」ばかりを
訴求している
季節のコース
本日のランチ
店長のおすすめ
セットメニュー
死に筋メニューが
多過ぎる

ているのです。

そして、そんなお店に限って、お客様の注文は、グランドメニュー内が、80％だったりするから、お客様はたまったものではありません。

改善点③【客単価アップ作戦が見え見え】

グランドメニューを見ても、差し込みメニューを見ても、壁の告知を見ても、とにかく価格の高いメニューを売って、客単価をアップさせようという魂胆が見え見えの店があります。

一見、商売としては上手そうに見えますが、お客様はバカではありませんから、障害物（高単価メニュー）をかわすようにして、自分が食べたいものを注文します。

重要なのは、その「かわす」気持ちを持ってメニューをチョイスした際のストレスです。もちろん、お客様は明確にそれをストレスと自覚することは少ないですが、「この店、価格が高いなあ」「注文しづらいなあ」等の思いを持ち、追加注文等の積極性が失われてきます。

また、ここで一つ説明を加えますが、①でお伝えした「売りたいメニュー」というのは、少なくとも、お客様からも人気があるメニューや、お店が自信を持っておすすめするメニューのことです。単に、客単価を釣り上げるためのメニューは、「おすすめメニュー」ではなく、「押し売りメニュー」であると思ってください。

改善点④【死に筋メニューが多過ぎる】

①から③の複合型のお店で起こる現象は、「死に筋メニュー」、つまり、ほとんど売れないメニューをたくさん抱えています。

私のクライアント先の店で言えば、初回の訪問時のメニュー数を「100」とすれば、良い店でも「60」くらいに絞り、平均的に「50」くらいに絞るのがほとんどです。つまり、今あるメニューを半分にするということです。

もちろん、最初は、どのクライアントも、「そんなに絞って大丈夫でしょうか？」と言いますが、現実には、メニューを半分に減らして、売上が1・5倍になる店が続出しているのです。

これは、もうお分かりだと思いますが、オペレーション効率、原材料効率においても絶大な効果を発揮します。

面白いことに、「そんなに絞って大丈夫でしょうか？」と言うクライアント先のほとんどが、半分になったメニューブックを見て、「そう言えば、売れている時は、ちょうどこれくらいのメニューでやっていました」と言うのです。あなたも、ぜひ、あなたのお店が一番売れていた時のメニュー数を思い出してみてください。

あれこれ増やし続けて、オープン当初の2倍くらいになっていませんか？

もちろん、売上対策としてメニュー数を増やしてきたのだと思いますが、実際には、年々、売上が減少し、メニュー数が増大している場合がほとんどです。

私のすべてのクライアント先が、メニューを半分にして売上をアップさせているわけですから、「メニュー数が多いほど売上も多くなる」というのは、経営者のカンチガイであり、経営者の気休めに過ぎないと言えるでしょう。

改善点⑤【カテゴリー思考が乏しい】

この場合のカテゴリーとは、メニューの大枠の分類と考えてください。

たとえば、焼肉店なら、「牛肉」「鶏肉・豚肉」「ホルモン」「キムチ・ナムル」「野菜・サラダ」「ご飯・麺」「デザート」みたいなメニューの分類が一般的です。

そこで大切なのは、カテゴリー内で最低1品は、人気メニューを作ることです。先ほどもお伝えしたように、お客様がチョイスしたくなるということが大前提ですが、その上、原価も安いのであれば、言うことがありません。

メニューブックでも、そのメニューを大きくアピールするようにします。これによって、お客様の目からも、非常に注文がしやすくなる、つまり、ストレスの減少につながります。

そして、もう一つ重要なことは、原価の考え方です。

普通のお店は、１品ごとの原価を考えて価格を設定していますから、どれも平均的な（悪く言えば平凡な）メニューになっています。私の考えは、言うなれば「カテゴリー原価」思考です。

たとえば、「野菜・サラダ」のカテゴリー原価を「25％」と考えたならば、その中の単品原価は、均等でなくても構わないという考え方です。

実際に、原価「8％」のものと「35％」のものが混在して、カテゴリー原価で「25％」になっているような店はたくさんあります。

改善点⑥【「本腹」ばかりを訴求している】

私の本や連載をお読みになったことがある方は、お分かりでしょうが、私は、メニューを、「本腹」（主食）、「脇腹」（サイドメニュー）、「別腹」（デザート・ドリンク）の3つに分類して考えます。

この分類で言うと、ほとんどの店が「本腹」ばかりを訴求していますが、単に「本腹」オンリーの訴求では、注文がカニバリするだけで売上は変わらないのです。（カニバリ＝メニューの注文が移行するだけで売上は変わらないことだとご理解ください）

つまり、６００円のかつ丼と６００円の親子丼を訴求しても、どっちに転んでも売上は変わらないのです。

私の指導の基本は、グランドメニューで「本腹」を訴求（バランスよく脇腹・別腹も訴求しますが）し、その他の訴求（差し込み、壁、テーブル等のＰＯＰ）では、徹底的に「脇腹」と「別腹」を訴求します。

●低原価の「脇腹」メニューの売上が利益に大きく貢献

先日も、焼肉店で訴求した、ある「脇腹」メニューは、１カ月で35万円の売上になりました。トータル売上は１５００万円ですから、売上の２・３％ですが、凄いのは、この「脇腹」メニューの原価です。実に９％ですから、単純荒利が約32万円にもなるのです。

仮に、この店のトータル原価を40％とした場合、32万円の荒利を出すためには、約53万円の売上が必要なのです。つまり、この「脇腹」１品で、１日分の荒利に匹敵しています。

さらに、作業効率やカニバリしない点を考えれば、その金額以上の効果となります。何も考えないことの恐ろしさ、また、考えが浅いことの罪を感じていただけたら幸いです。

この本が「売れる理由をいくつ作れるか」そんなテーマに取り組むきっかけになることを願っております。

24

0円で店がグンとよくなる7つのマンネリ打破法

飲食店を営む中で、ある意味、一番の問題は「マンネリ」です。

サポートの依頼を受けて、初回の訪問をした際に、ほとんどの店から「マンネリ」オーラが漂っているものです。それは、お店の外観や内装のイメージだけではありません。

様々な結果の数字もマンネリ化しています。売れる曜日も同じ、売れない曜日も同じ、売れるメニューも同じ。そんな中で、客数がジワジワ減り、ピーク時間が減り、売上も減っていくという悪循環に陥ります。

そして、この「減っていく」ということにさえもマンネリ思考がはびこっているのです。

あなたのお店が、困るくらいに売れていればいいですが、厳しい売上が続いているのであれば、今こそ「チェンジの時」と決意し、具体的な行動をとってみてはいかがでしょうか?

私は、お金をかけてお店の改装をやりなさいと言っているわけではありません。むしろ、お金をかけないでほしいのです。

これから、簡単に出来る「7つのマンネリ打破法」をお伝えしますから、店長会議やスタッフミーティングなどで活用し、説明後、1ヵ月くらいの時間でどれだけマンネリ打破が出来たかを競ってみてはいかがでしょうか？

マンネリ打破① 店頭、店周り、入口、フロアの「不要物」はすべて撤去する

実際の飲食店の現場では、いらないものが多過ぎます。

薄汚れたぬいぐるみ、使っていない看板や文字が消えた告知物、ボロボロののぼり、枯れ果てた植物、変な置物等々、商売に影響のないものは、基本的に撤去してください。

マンネリ打破② 無意味な掲示物、汚れた掲示物、効果のない掲示物は、すべてはがす

何年も貼りっぱなしのポスター、売上と一緒で右肩下がりに無造作に貼られたＰＯＰ等々、すべてはがしてください。

私は、クライアント先において、この①と②を率先して行なうことがありますが、平均して不要物はみかん箱で3箱、いらないＰＯＰは、私の右手に乗らないくらいの画びょうの山になります。ひどい所になると、軽トラックが必要なくらいの店もあります。

私は、最初に「自分たちでやってみなさい」と言うのですが、その時点で、撤去する意思のあるものは、私が思うレベルのわずか20％程度です。

いかに、無駄慣れしているかということです。無駄な物、無意味な物が多いということは、重要な物、必要な物が分からないのと同じだということを肝に銘じてください。

マンネリ打破③ BGMや照明も工夫する

飲食店は、おいしさもさることながら、雰囲気も重要です。特に、BGMや照明は（どうでもいい）と思っているのではないか？と首をかしげてしまいます。

あるお店では、FMラジオを流していましたし、ある客単価の高い飲食店では、高音量でJポップが流れていました。

もちろん、Jポップそのものの音楽性を否定するものではありませんが、たとえば、客単価の高い飲食店で、それなりにサービスレベルも高いお店で、嵐やAKB48の歌がガンガン流れているって、どうなのかな？っていう意識を持っていただきたいのです。

照明も明るければよいというものではありません。

まるで体育館の照明のように全体を均等に照らすだけでは工夫がなさすぎますし、厨房も通路も客席もトイレも、すべて同じ明るい照明って、どうでしょうか？　私のクライアント先では、あえて、照明を撤去し、店内の明暗のコントラストを作ったりします。

あえて、暗いところを作ることによって、明るいところが明るく見えてくるのです。

マンネリ打破④　レジ周り、厨房のお客様から見える範囲には、内部連絡等の貼り紙や不要物は置かない

先にもお伝えしましたが、お客様は、おいしさだけではなく、雰囲気も楽しみにしています。

それなのに、お客様から見えるところに「遅刻厳禁」「社長の激怒文」などを掲示している店があります。

先日、立ち寄った洋食店では、カウンター席の真正面に「タイムカードが壊れているから、自己申告で記入しなさい。ただし、その際に不正が発覚したら罰金…」みたいな内容が貼りだされていました。

また、お客様が忘れているのであろう、帽子、布バック、傘などをレジカウンターに置いている店もあります。もう、忘れたお客様が、忘れたことも忘れているようなものを、ず〜っと放置しているのはいかがなものでしょうか？

厨房に目をやれば、わざわざ、お客様から見えるところに、汚れたスポンジや殺虫剤を置いていたりしています。先日も、クライアント先で、1ヵ月後の次回訪問までに、厨房イメージ

を一新してみてくださいと伝え、1ヵ月後に訪問しました。

お店の人は、自信満々で「頑張ってやってみました。いかがですか？」というので、厨房に目をやると、真正面に洗濯干しに汚れた雑巾を5つほどぶら下げているではありませんか。

私は、あきれて苦笑いしながら「何これ？」って雑巾を指差すと、「いや、まだ雑巾が乾いていないので」と言うのです。ランチタイムの営業中ですよ（苦笑）。それを注意したら、「はあ、そこまで（徹底して）やらなきゃだめですか？」と言うので、「いや、それくらいは最低限やってください」と伝えました。

マンネリ打破⑤ 全体のコントラストを意識する

先ほどの照明ではありませんが、マンネリ感の漂うお店は、全体のコントラスト（視覚的な特徴の差）が意識されていません。

たとえば、壁は茶色、椅子はこげ茶色、パーテーションなども茶色、ロールカーテンも薄茶色というように同系色でまったくコントラストがないのです。

おまけに従業員のユニホームも茶色とくると、もう息がつまりそうです。

これも、私のクライアント先では、ホームセンターで板を買ってきて、色を塗り、壁に1本のラインを入れるようにして固定したりします。

分かりやすい例で言えば、上下紺色のスーツに紺のネクタイをしている人に、黄色や赤色のネクタイに変えてもらうだけで、スーツも映えるし、ネクタイも映えるようになるのと同じです。

マンネリ打破⑥ スタッフの身だしなみ

最近よく見かけるのが、笑顔がいいのに靴が無茶苦茶汚いとか、元気がいいのにユニホームがボロボロとか、お店側の間違った節約の犠牲になっているスタッフです。

とってもチャーミングな女性が、店名もかすれて読めないような傷みの激しいエプロンをしていたりすると、もう悲しくなってきます。

また、これも最近多いのですが、コミュニケーションを勘違いして、名札に「ルナちゃん」「マッキー」とかの呼称をそのまま書いて、ご丁寧に「趣味はパチンコ」とか書いている店もあります。

飲食店ではありませんが、先日、自動車販売店に行ったら、壁に、全営業マンのプロフィールが書かれていて、そのうちの半分以上が、「趣味・パチンコ」と書いていましたが、ここの営業マンは、どんだけサボってるんだろうか?と心配になったものです。(苦笑)

それも、100歩譲って、抜群によい接客をしていれば救われますが、無愛想で笑顔のかけ

たとえばテーブルレイアウトを工夫してみる

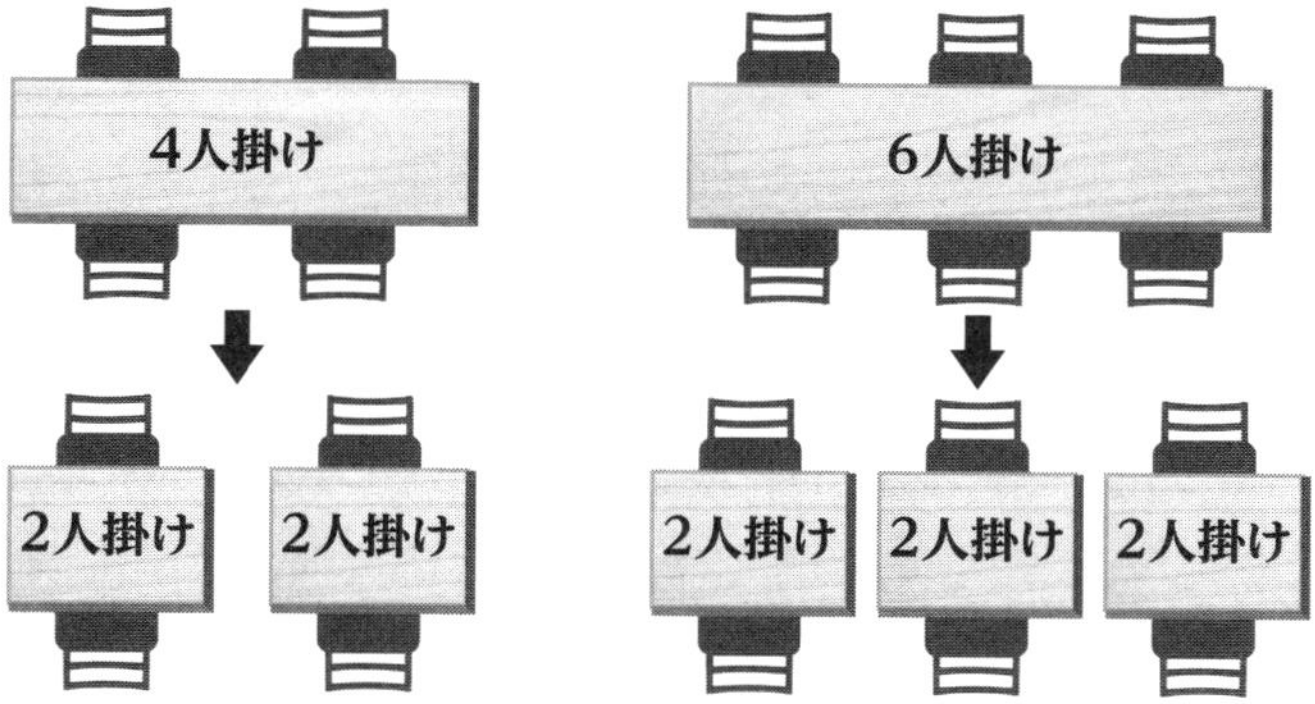

1組の客数が徐々に減っている時代。
いつまでも大きめのテーブルでは
稼働率が悪化している可能性が高い。

らもないスタッフの名札に「エミリー・趣味・昼寝」なんて書かれていたら、「お前、起きてんのか?」と怒りたくなりますよね?

マンネリ打破⑦ テーブルレイアウトの変更

これは、マンネリ打破だけではなく、売上アップにもつながることです。

ほとんどの店が、「10年間、レイアウトは変えていません」みたいな感じで、意識が及んでいません。1組の同伴客数が年々減っているのに、いつまでも、6人掛けテーブルと4人掛けテーブルで本当によいのでしょうか?

そのような店で、同伴客数を調べてみる

と、2・5人でした。

さらに、調べてみると2人以下が80%ということがわかりました。

つまり、「椅子は空いているけれど、テーブルは空いていない」店になっているのです。

テーブルレイアウトは、日々、試行錯誤をして動かしてみてください。

それによって、マンネリ感を打破し、おまけに組数を取り込めたなら、まさに一石二鳥ではありませんか。

あえて、ほとんどお金をかけない範囲でのマンネリ打破法をお伝えしました。お金をかけなきゃ販売対策じゃないと思っている人もいるでしょうが、スタッフを巻き込んで、0円マンネリ打破を即実行してみてください。

汚れを落とすだけの年末の大掃除よりも、お店を輝かせる効果は絶大ですよ。

25

今こそ白紙にして考えたい6つの意識改革

少し抽象的な文章になるかもしれませんが、自分の店を、今一度、まったくの白紙から見つめ直していただきたいと思います。

私は、毎月、北海道から四国、九州まで、日本一周のコンサルティングの旅に出ていますが、つくづく飲食店は、面白く、不思議な世界だなあと痛感しています。

「人手不足」と言いながら「人件費が多い」と言います。

「お客様を待たせ過ぎる」と嘆きながら、メニューをどんどん増やします。

「うちの一番のおすすめメニューです」と言いながら、そのメニューをどこにもアピールしていない。

「年々、売上が落ちて厳しい」と言いながら「2号店を出したい」と言います…等々、まあ、書き出せばきりがありませんが、どうして、こんなカンチガイ経営が多いのでしょうか？

あえて、厳しい話をします。

私は、大学時代のアルバイトから飲食業界に足を踏み入れました。

もう、30年以上前になりますが、その時のアルバイト先である大手外食チェーンで、私は、本当に多くのことを学びました。

その当時、「ドリンク無料券」を配るなんて発想はなく、私は、心の中で「無料でドリンクを配れば、店は潰れるに決まっている」と思っていましたが、結果は、驚くばかりのお客様が集まり、その当時では、想像もつかない1日100万円の売上を何度も記録しました。

ちなみに、その時の私の時給は、「380円」です。

そんな中で、人の教育の仕方、モチベーションを上げる仕組み、売上を上げる手法、衛生管理やクレンリネスのルール化等々、本当に、目からウロコの学びがいっぱいあったのです。

まあ、思い出話はこれくらいにして、「厳しい話」に戻しましょう。

時は流れ、私は現在、飲食店のコンサルタントとして仕事をしているわけですが、あれから30年を経て、個人飲食店の現場を目の当たりにした率直な感想は、「私が大学生だった30年前の飲食店のレベルにも満たない」というものです。

30年前に、アルバイトながらに、学び、解決出来たことが、今もって、解決出来ていないばかりか、その問題にも気づいていない現状があります。

「失敗は成功のもと」という言葉はご存じだと思いますが、私は、ある時期から、どうもそうではないのではないか？と思うようになりました。

なぜなら、この30年以上、飲食業界の現場に身を置いて見渡してみても、むしろ「失敗は失敗のもと」だと思うことの方が圧倒的に多いからです。

成功体験がないままに、失敗を失敗とすら気づかずに、同じ過ちを、永遠に繰り返しているのです。

それこそ、30年前の飲食業界は、右肩上がりのバブル全盛期で、まず、よほどのことがない限り、前年割れということがないような時代でした。

しかし、今はご存じのように、前年を割っても驚かない景気の悪さです。そして、さらに、これからの10年（少なくとも5年）は、売れる店、売れない店の差が歴然となるでしょう。

考えてみれば、個人飲食店の経営者は、ほぼ毎年、新人アルバイトを受け入れ、基本的な、初歩的なことをずっと教え続けています。

さらには、ほとんどの場合、仮に経営者が間違った判断をしても、従業員は何も言わず指示に従うだけで、「それは違うと思います」なんて言いません。

３６５日、同じことを繰り返し、目の前の状態がすべて「当たり前」状態になって、問題点の１つも見つけられないような状況に陥ってしまうのです。

それは、まるで「鎖国経営」「浦島太郎経営」のようなものです。

自己満足の「これでいいのだ経営」と言ってもいいでしょう、いや、最近は、「これじゃだめなんだ経営」をしていることが分かっていても、どうしてよいのか分からないというお店も増えています。

そうなると、もう目の前にあるものが、すべて麻痺感覚でしか見えてこなくなりますから、まさに、間違いや失敗を成功のもとになんて出来るわけがないのです。

●メニュー等の誤字脱字や文字のカスレにも不感症…「これでいいのだ経営」の蔓延

先日も、こんなことがありました。

あるラーメン店のメニューブックを見ていると、「岩のりーめん」というものがありました。

私は、そういう名前のメニューなのか?と不思議に思い、このメニューは何という名前ですか?と聞くと、「はい、岩のりラーメンですが、何か?」と言うので、私は、「印刷の文字が間違っていますね」と言いました。

すると、その経営者は、じっとメニューブックを睨んで、「えっ、岩のりの岩という字は、違いましたっけ?」と言うのです。(そっちかよ)

それから、2度、3度と、もう一度見直して読んでくださいと言っても「岩のりラーメン」と読むのです。

つまり、この経営者は、頭の中の思い込みだけで喋っているのです。目の前の間違った文字をまったく見ていない…、いや、見ても、頭の中の固定観念が邪魔して、盲目になっているのです。あなたは、呑気な経営者だなと思うかもしれませんが、このような事例は、まれなことではなく、本当に、日常茶飯事なのです。

あるお店では、入口のガラスドアに、「営業時間」というカッティングシールが貼られていました。

私は、これまた、そこの呑気な経営者に「あのシールは何の意味があるのですか？」と聞くと、その経営者は、「えっ、営業時間をお客様に知らせるのは意味がないですか？」と不服そうな顔をします。

いや、ちゃんと営業時間を告知していればいいですよ、でも、この店、肝心の営業時間のシールが剥がれていて、単に「営業時間」とだけ告知（?）しているのです。

こんな状態を、シールの劣化を見る限り5年以上は放置しているのです。

従業員も、お客様も、この間抜けな告知を誰も指摘してはくれないのです。

これは、飲食店だけに限らず、印刷や看板やリニューアルを行なう業者とて同じようなもので、誤字脱字や基本的なミスを、私は、どれだけ救ってきたか分かりません。

恐ろしいことに、長らく「これでいいのだ経営」が続くと、仕事そのものが「浅い」ものになってしまいます。

私は、仕事柄、メニューの試食をよくしますが、ほとんどの場合、私が、一口食べて改良のアドバイスをすると、わずか5秒で格段に美味しくなります。

クライアントの皆さんは、「そういう発想はなかったなあ」とか、「佐野さん、すごいですね」とか言いますが、私に言わせれば、皆さんの取り組みが「浅い」いや「浅すぎる」のです。

「真剣に」とか、「必死で」とかの言葉を使う人はよくいますが、その真剣さも「浅い」し、その必死さも「浅い」のです。

やっかいなのは、本人たちが、その「浅さ」に気づいていないことです。

先日も、お店のリニューアルに伴い、看板に合わせて、お店のロゴを作ることになりました。数日後、地元業者から、A案・B案の2つのロゴ案が出てきました。

すると、そこの経営者は、「佐野さんは、どっちがいいと思いますか？　私は、B案が好きです」と聞いてくるので、私は、「どちらもよくないです」と答えました。

すると、この経営者は、驚いたような顔をして、「じゃあ、どうすればいいのですか？」というような顔をしていましたが、数百万円を費やして、看板等をリニューアルし、いわゆる「勝負」をかけようとしているなかで、なぜ、「浅い」ところで妥協するのか？　私には考えられないのです。

実は、この7月に内容は違えど、いわゆる「勝負」をかけるお店が、私のクライアント先で6店ありますが、何を隠そう、6店すべてが、この事例と同じような状態で、私は、メニューブック作り、ロゴ作り、看板デザイン、チラシ内容作り、店内ＰＯＰ作り、店舗レイアウト作成等々、タイトなスケジュールの中で、これらを丸抱えして、もう本当にまいりました。

もちろん、それも私の仕事ですから、それ自体を「まいりました」と言っているのではありません。

私が「まいった」のは、それらすべての取り組みに対し、経営者自身が、何のこだわりも、意見も持ち合わせていないだけか、出来上がった状態に対しても、これでＯＫなのかどうかの判断も出来ない点です。

最初にも言いましたが、自分たちの都合、内部事情なども、一度、まったくの白紙にして、次のことを考えていただきたいのです。

①あなたのお店に、お客様を引きつける本当の「魅力」はあるでしょうか？（あるとすれば、それは、伝わっていますか？）

②あなたのお店の取り組みは、本当に、それ以上は不可能だと思えるくらいに、こだわり抜いたものと言えるでしょうか？

③あなた自身が、同業他店を見て、欠点を探すのではなく、よい点を学び、真似ているでしょうか？
④真似る場合は、7掛けのコピーではなく、本物を上回るほどの磨き上げが出来ているでしょうか？
⑤あなたのお店を客観的に見て、的確なアドバイスをくれる人はいるでしょうか？（店には、麻痺した間違いがいっぱいあります）

どうですか？　そして、最後にもう1つ質問をします。

⑥あなたのお店は、5年前と比べて、具体的に、どこが成長していますか？（オープン5年未満の店は、オープン当時と比較してください）

日数の分だけ、月数の分だけ、年数の分だけ、お店は成長したいものです。その秘訣は、「仕組みを持って進化する」を積み上げきれるかです。

消費税が上がることが決まりました。街のインタビューで、経営者が「消費税が上がったら、うちは厳しい」と言っていましたが、私は、うかうかしていたら、消費税増税前にギブアップする店が続出するのではないかと危惧しています。

26

「繁盛思考停止度チェック」で現状を見直す

ここまでのおさらいも兼ねて、次の質問にＹＥＳ・ＮＯで答えてください。

①今年の売上は、昨年、一昨年の両方の売上を下回っている。
②最近、土日祝日などの売上が伸びない。
③スタッフは、この1～2年ほとんど変わらない。
④スタッフは、この1～2年ほとんど変わった。
⑤最近は、イベントやフェアなどをほとんどやっていない。
⑥最近は、イベントやフェアはやっているが、店内告知をしているだけである。
⑦メニューブックは、もう何年も同じものを使っている。
⑧メニューブック以外の差し込みメニューがどんどん増えている。
⑨料理の味の改善やチェックはほとんどやっていない。
⑩店内のレイアウトなどもここ数年いじっていない。

⑪厳しい時代だが、自分を信じて頑張っていこうと思っている。

いかがでしょうか？　別に、みんなの前で手を上げるわけではありませんから（笑）正直に、そして、厳しく自己採点してみてください。

題して、「飲食店の繁盛思考停止度チェック」です。

厳しいようですが、ＹＥＳが１つでもあれば危険ですし、多いほど重症と言えます。

少し説明を加えましょう。

③と④は、相反する内容のように見えますが、結果的に、繁盛思考停止という意味では同等のレベルです。飲食店で、人的な活気を失う要因は、長年働いているスタッフによるマンネリ化か、逆に、人が定着しない新人スタッフばかりの未熟な接客によるものがほとんどです。

前者は、「いつも通りの仕事」をこなすだけの店となり、新しいことや、変化することには、それが改善であっても、猛烈に反対する傾向があります。

後者は、常に、「間違ってほしくない初歩的なこと」ばかりを教えているお店になってしまい、実は、この傾向の最大の問題は、教える側の成長も止まってしまうということです。

⑤と⑥に関しては、売上が低迷してしまうと、意気消沈してしまい、イベントやフェアのような、いわゆる企画全般が億劫になってきます。

やったとしても、店内にＰＯＰを貼るくらいで、その効果は、まったくありません。

私のクライアント先が、売上倍増や売上150％以上を連発している理由の1つが、この企画を成功させている点なのです。

企画を成功させるには、既存商品の見直しから、企画の内容、期間、訴求方法などを真剣に打ち合わせていきます。そして、自画自賛出来るレベルでのイベントやフェアを行なうのです。

売上の厳しい店の企画は、準備期間が短く、開催期間も短い傾向にあります。極端な事例で言えば、1日だけのフェアを、前日に、1枚ポスターを貼って告知しただけで開催しているような状態です。これでは、お客様が気づく暇もないのです。

特に、個人飲食店などは、そう何度も企画を考えられるものではありませんから、私のクライアント先では、創意工夫をして、最長50日くらいのフェアをやり、成果を出しています。

⑦は、私にコンサルティングを依頼されるお店の90％以上が、2年以上、メニューブックをいじっていないお店です。話を聞けば、変えたいとは思っているけれど、どう変えたらよいのか分からないというのが一番多くの声でした。

私のクライアント先では、どんなに完成度の高いメニューブックを完成させたとしても、6～9ヵ月前後では、必ず見直して、微調整を行ないます。

メニューブックをいじることで、売れ筋や原価も変わってくるわけですから、常に注意を払い、気づく点があれば、すぐに修正すべきです。

●売れていない店ほど差し込みメニューが多い

⑧は、一見、どんどんメニュー開発を行なっていて、いいように感じますが、私の経験から言えば、売れていない店ほど、メニューブック&差し込みメニューが多いものです。

これも実話ですが、北海道のある居酒屋では、なんと20枚以上のメニューと差し込みメニューがありました。

私は、苦笑しながら、トランプのようにめくりながら、20枚以上のメニューを「注文する可能性があるメニュー」を右に置き、「注文する可能性がないメニュー」を左に置いてみました。すると、「注文する可能性があるメニュー」は、たったの2枚でした。

私は、店員を呼び、その2枚の中から注文しようとすると、その店員は、「お客様、そちらのメニューは、私どもの姉妹店でのみのメニューで、当店ではご注文になれません」と言うのです。もう、私たちは、怒りを通り越して笑うしかありませんでした。

⑨と⑩は、料理や店内の光景があまりにも当たり前の世界になりすぎて、「もっとよくする」という意識がかけらもないのです。動きのない店は、ドンヨリとした空気を醸し出しており、お客様はそれに敏感に気づくものです。

そして、最後の⑪ですが、このセリフ、本当によく聞く言葉です。「自分を信じて頑張っていこう」って、一見、いい言葉でカッコイイ言葉のような気がしますよね？

でも、よく考えてください、仮に、①〜⑩が「ＹＥＳ」の人が、これからも、自分を信じて頑張っていけば、道は開けるでしょうか？　それは、「ＮＯ」です。

自分を信じ、自分の成功を信じるのならば、自分の「視点」と「思考」を変え、「取り組み方」を変え、「結果」を変えなければならないのです。

自分の成功を信じればこそ、時には、「自己否定」や「自己改善」も必要なのです。

あなたは、今回の11項目に自信を持って「ＮＯ」と言える行動をとれていますか？　いつまでもあると思うな「お客」と「お金」です。

経費削減で減らせるものは、もうそう多くはないはずです。

いや、本来、使うべきところまでも削減していませんか？

飲食店は、もう経費を削減して利益を出せるようなレベルを超えて厳しくなっています。

さあ、覚悟を決めて、お客様を呼び込めるお店の魅力を作り、売上を上げて、利益を生むしかないのです。

そういう意味では、**本当に強いお店、本当に魅力あるお店、本当にお客様に好印象を与えられる店だけが生き残る『本当の時代』**になったと言えるでしょう。

この本をお読みのあなたならば、その状況を「受けて立つ」という強い思いで突き進んでいただけると信じております。時間がありません。急いで頑張りましょう！

27

どん底経営から脱出した店の4つの改善ポイント

現在、私のクライアント先の中で、話題沸騰になっているお店があります。売上・収益においては、瞬時に「カンチガイ経営」から脱した好事例ですので、是非、皆さんにもご紹介したいと思います。

このお店は、大阪にあるフードコート内のお店です。

専用フロアは持っておらず、基本的には、テイクアウトのような提供で、お客様が歩きながら食べたり、共用のフードコートのフロアで食べたりしている状態です。

私がこの店とのご縁が出来たのは、2011年の7月のことでした。

メールでのご依頼を受けたのですが、状況的にもかなり厳しい様子でした。実は、何年も前から、私の本を愛読していただいていたようで、コンサルタントに依頼するなら私と決めていたそうです。

さて、7月23日、初回訪問をして、私は2度ビックリしました。

1つは、その店のあまりにも無気力感漂うたたずまいです。

正直なところ、「やる気あるのか？」「売る気あるのか？」と言葉には出しませんでしたが、きっと、顔には出ていたと思います。（苦笑）

そして、もう1つのビックリは、売上実績を見せてもらった時です。

『14「2500円」、15「3200円」、16「2900円」』という感じで並んでいる数字を見て、私は『14時で「2500円」、15時で「3200円」、16時で、「2900円」となると、一日10時間の営業で3万円程度ではないか…、これは厳しいなあ』と思いながら話をしていると、どうも話がかみ合わないのです。

その理由は、実は、これらの売上額は、一時間当たりの売上ではなく、ナント、一日の売上だったのです。

私は、愕然としました。

そもそも、私の（安い方だとはいえ）サポート料金すら出せないのではないか？とお伝えしたのですが、「自分たちの考える範囲では無理だと痛感している」「どうしても佐野さんにお願いしたい」と言われました。

さて、一日2500円という、コンサルティング史上最少売上のこの店をどうやって行こうか？　私はしばし目を閉じて、一休さん状態で考え込みました。

そして、頭によぎった言葉は、「どんな手を打っても、もうこれ以上悪くなることはない」というものでした。（苦笑）

まあ、簡単に言えば、私自身も、腹をくくったわけですね。

では、そんな中でのこの店の改善ポイントをご紹介しましょう、

改善ポイント①【メニューを絞る】

まず最初に15品目ほどあったメニューを、実質、2品目にするよう指導しました。

お店の方では、さらに3品目ほどメニューを増やそうと計画をしていたようで、「減らすと、もっと売れなくなるのでは？」と心配そうな顔をするので、先ほどの言葉、「大丈夫、もうこれ以上悪くなることはないですよ」と伝えました。

先にもお伝えしましたが、飲食店の現場では、足し算の答えが引き算になることが多々あります。

メニューを増やせば、売上も増えると思い、どんどんメニューばかり増やしてしまいますが、メニューが増えれば増えるほど、お客様にすれば、何を売っている店なのかが希薄になってしまいます。

改善ポイント②【目玉商品を作る】

私は初回訪問の1時間足らずで、目玉商品のアイデアを思いつき、提案しました。

いま売っている商品に、ほんのわずかな工夫をするだけのメニューですから、その日に、試作をしてみました。

「おいしい～」、試食した全員から感嘆の声が上がりました。

そして、初回訪問日の翌日から、この新メニューをスタートしたのです。

改善ポイント③【前ではなく後ろに】

この店の場所は、フードコートとはいえ、少し外れの狭い通路に面しており、本当に目立たないところにあります。

そこで、お店では、テーブルや告知ボード等を、前に前に（通路側に）せり出そうと考えていました。

確かに、その気持ちは分かりますが、狭い通路にせり出すわけですから、お店に興味を持っても立ち止まれないような状況なのです。片側一車線の道路に、車が駐車出来ないのと同じだとイメージしていただけると分かりやすいでしょう。

そこで、私は、出来る限り、テーブル等を後ろに下げるように指導をしました。客溜りスペースを作りたかったのです。

この視点は、「脱・カンチガイ経営」において、とても重要なポイントです。

つまり、**お店の「売りたい気持ち」を優先して行動をするのではなく、お客様の「買いたい気持ち」を優先して行動をすべきなのです。**

まずは、この3つのポイントを初回訪問の翌日から実施しました。

すると、効果はすぐに出ました。

平日の売上が2000円なんて日が多々あったこの店が、訪問の翌日から、平日2万円、3万円と売上が上がるようになったのです。それでも前半の厳しい売上が響き、7月の売上は、月間で40万円でした。

このフードコートの売上は、毎年、7月と8月がほぼ同等か、むしろ、8月の方が少し悪い状況ですので、私は、8月の売上を最低でも7月の2倍にしたいと思っていました。（それでも80万円ですがね）

しかし、そんな私の予想をはるかに上回り、8月は、160万円を売ったのです。

同じフードコート内の飲食店全般が、8月は、7月の93%の売上だった中で、実に、400%の売上を記録したのです。

20テナント中、20位だったお店が、一気に10位になったのだから、凄いですよね。

さらには、メニューの絞り込みにより、オペレーションが飛躍的に楽になり、それ以上に、ロスがほぼゼロになったのです。

結果、160万円の売上でも、利益が80万円近く出たのです。

私のクライアント先で話題沸騰になっている理由は、あっという間に売上が上がったこともありますが、それと同じくらいに、この利益率に驚いているのです。

こうなれば、私の思うツボです。(笑)初回訪問で提案した「目玉商品」は、その1品で、売上の60%を占め、思惑通りの看板メニューになりました。

私はそのメニューをアピールすべく、関西系のユーモアを交えたロゴマークも考案し、告知しました。すると、頻繁にテレビや雑誌の取材を受けるようになり、「これや、これや」と言って、買いに来るお客様も急増してきたのです。

そして、翌年の5月には、とうとう260万円の売上を記録し、150万円近い利益を出したのです。その間にも、さらにオペレーションの効率化を図り、5月の一日の最高売上は、26万円を記録しました。

考えてみてください、昨年の7月の一ヵ月間で40万円だったお店が、一日で26万円売ったのですよ。

初回訪問の際は、私のサポート料金すら出るのか?と心配したお店が、今では、「もうちょっといただいておけばよかったなぁ」と冗談が言い合える状況になったのです。

改善ポイント④【店の雑然さの排除】

初回の訪問時に感じた無気力感漂うイメージを払拭したいと思いましたが、新しく何かを加えたり、リニューアルしたりするお金はありませんでした。

ただ、お金をかけなくてもお店のイメージを変えることは出来ます。（0円リニューアルの実践ですね）その手っ取り早い方法は、お店の中の「無駄な物」「雑然さの排除」を行なうのです。

そういう取り組みを行なった結果、この店は、お客様から「ミスタードーナツみたい」と言われました。

まあ、ミスタードーナツとは、似ても似つかないような店ですが。（笑）

きっと、お客様は、雑然さのないお店の状態を、そう感じ取ったのでしょう。

しかし飲食店は、面白くて、恐いと思いませんか？　この店は、２０１１年の7月だって1日も休まず、売上を上げようと頑張っていたにもかかわらず、月間40万円だったのです。

それが、私がいつもお伝えしている「視点」と「思考」を変え、「行動」を変えれば、こうして「結果」が変わっていくのですからね。

28

「脱・カンチガイ経営宣言」絶対に結果を残す人となれ

飲食店には、年間を通じて「繁忙期」と「閑散期」があります。

もちろん、場所や店の形態によって、その状況は様々ですが、あなたのお店では、一番近い「繁忙期」（一般的には、春休み・GW・夏休み・忘年会・年末年始など）において、「どんな対策を講じましたか？」そして、それは、「どれくらいの取り組みだったでしょうか？」この2つの質問に、あなたは、何と答えますか？

この本をここまでお読みになったあなたならば、私のクライアント先のブレイクした売上事例などを読み、そろそろ「よ〜し、俺もやったるで〜」とエンジンがかかってきたところではないでしょうか？

しかし、もう一度、聞きます。

一番近い「繁忙期」に、あなたは、何をしましたか？

売上が苦戦している店を見てみると、これが、ほとんど何もやっていないのが現状です。

もちろん、何もやっていないと言っても、普通に営業はしていますよ。

でも、今の売上を「さらに上げたい」というのであれば、さらに上がる取り組みをしなければならないのは、当然のことです。

そういう観点で言えば、やはり、何もやっていないか、何らかの取り組みはしたとしても、それが、お客様の心に到達するレベルではなく、当然ながら、数字を変えるほどのものではないのです。

●「それは前にやりました」というカンチガイ

私が、飲食店のコンサルティングを行う上で、ほとんどの店が最初に直面するのが、「やりました」と言われる内容のレベルの低さです。

私が、いろいろな提案をしても、「ああ、それは以前にもやりましたが、効果がなかったですね」なんて言葉が返ってきます。

私は、どのような取り組みをしたのか？と聞くと、これが、まったくお話にならないレベルです。

たとえば、あるレストランを訪問し、私は、メニューブックを見ながら、お客様のご注文の様子をうかがっていました。すると、食後に注文をしていないデザートが運ばれて、どのお客様も驚いていました。

私は、そのことを店長に話すと、「売上対策で、期間限定で、お食事のお客様にデザートをサービスしています」というのです。

まあ、それはいいとしても、お客様が知らない様子なので、再度、店長に「そのことは、ちゃんとお客様に伝えているのですか？」と質問すると、「はい、ちゃんと告知しています」とキッパリと返事がきました。

その後、店長は厨房に入ったので、私は、さて、どこに告知しているのだろう？と思い、店の中を探したのですが見つかりません。

そこで、「どこに告知しているの？」と問いただすと、なんと、「ホームページで告知しています」と言うではありませんか。（苦笑）

まあ、この手の事例を書き出せば、きりがありません。

当日のお客様の反応を見る限り、そのホームページを見て、デザートサービスを知っていた様子の方は、一人もいませんでした。

このように、やっていることが、「伝わっていない」し、だから、「反響がない」わけで、よって、客数も、売上も変わらないし、むしろ、無料デザートの分、利益を損失しているのです。

これは、私のクライアント先の事例です。

東北のある飲食店は、この7年間で売上が半分になってしまい、昨年末に、私にサポートを依頼されました。今年に入ってからは、月に1回の訪問で、ほぼ原形をとどめないくらいの改善を図ってきました。

そして、4月から満を持して、フェアを開催しました。

結果の売上は、分かりやすく、前週と対比してお伝えします。

【12日（金）　8万6000円】
↓
【19日（金）17万4000円】（202％）

【13日（土）22万7000円】
↓
【20日（土）25万4000円】（112％）

【14日（日）12万5000円】

【21日（日）20万5000円】（164％）←

前週比で、実に145％の売上を記録し、その後も順調に、昨年対比でも150％前後で推移しています。

本来ならば、GW前や給料日前ということもあり、前週よりも10％ほど売上が下がる傾向にある中でのこの数字ですから、本当に素晴らしい結果だと言えます。

この結果の理由は、「顧客到達度」の高い取り組みを行ったからです。

様々な取り組みが、お客様に伝わり、お客様が反応し、来店や購買につながることを、私は、「顧客到達」と表現しています。

この「顧客到達度」が高いほど、数字が動き出します。

そして、私のクライアント先の中では、「顧客到達度」の高い取り組みをしている場合に、お客様から、魔法の言葉を頂戴するようになりました。

本や連載でも紹介したことがありますが、その言葉とは、「このお店、経営者が変わったの？」という言葉です。

この言葉をいただくって凄いことだと思いませんか？

経営者が変わったのかと思うくらい、お店の変化があるということですから。

メニューを変えても、イベントをやっても、「ああ、そうなの」と思われるレベルでは、数字もそこそこにしか動きません。

ましてや、お店の取り組みが伝わってもいないようならば、数字が動くわけがないのです。

「よ～し、俺もやったるで～」と心に誓ったならば、今一度、自分のこれまでの取り組みを振り返り、「このお店、経営者が変わったの?」と言われるレベルだったのかどうかを自問自答し、もし、そのレベルに満たなかったならば、そのことをよく反省し、「では、どんな取り組みをやればよいのか」を真剣に考えて、それを具体的な行動に落とし込んでください。

●商売に現状維持は禁物

ベストを尽くし切ってダメならあきらめもつくでしょうが、中途半端な取り組みで結果が出ず、自分が、大きな夢を描いてオープンさせたお店が潰れてしまうようなことがあったら、悔やむに悔やみきれないでしょう。

繰り返し厳しいことを言いますが、今の売上を作っているのは、今のスタッフや、今のメニューです。

しかし、今の売上を飛躍的に伸ばそうと思ったならば、今のスタッフや、今のメニューが足かせになるかもしれません。

その時に、あなたは、どんな選択をして、どんな決断を下しますか？　商売には、現状維持志向は禁物です。

現状維持でよいと考えた瞬間から、衰退が始まると思ってください。

商売は、よりよい方向へ、前へ、前へと進んで、お客様に、その進化を伝え、受け入れてもらわなければなりません。

商売は、腹をくくるか、首をくくるか、2つに1つだと思うくらいでちょうどよいでしょう。

私は、過去のしがらみにしがみつき、覚悟が出来ないままに、お店（夢）を潰していった人を何人も見てきました。

逆に、過去を捨て去り、腹をくくって、飛躍的な改善を図り、人生そのものを好転させた事例も何度も見てきました。

先日、北海道のクライアント先のご夫婦が、「正直、佐野さんにサポートをお願いした最初の頃は、なかなか覚悟が出来ず不安がいっぱいでした」「でも、佐野さんは、いつも、進むべき道を示し、私達が躊躇してもあきらめずに背中を押してくれました」

「妻と2人で、本当にあの時に、佐野さんは、よくも妥協することなく、厳しく私達を導いてくださったよなあ…と話し合っています」という言葉を頂戴しました。

私は、この話を、自分の自慢話として伝えたいのではありません。

誰だって、大なり小なり、物事に躊躇したり、覚悟が出来なかったりします。しかし、その行動は、必ず、のちの結果となって返ってくるのです。

このご夫婦は、ある意味、商売の迷子になっていました。

どこに向かうべきなのか、何をすべきか、何が正しいのか、まったく分からなくなり、すべての自信を失っていたそうです。

でも今は、やっているすべてのことに「自信」がみなぎっています。

毎日が、楽しくてしょうがないと言われます。

お店も、スタッフも、お客様も、売上も、ニコニコ笑顔になっています。

言うまでもありませんが、この店も、何度も「このお店、経営者が変わったの？」と言われています。

この店は、屋号まで変える覚悟で生まれ変わったのです。

さあ、あなたの順番がそこまで来ていますよ！

今すぐ、「脱・カンチガイ経営宣言」をし、絶対に結果を残す人となってください。

29 「脱・カンチガイ経営宣言」この5つを忘れるな

本書も終盤になってきました。

私自身、熱く、熱く、あなたへのエールを送ってきましたが、届いていますか？　ここからは、少し総括的なメッセージをお伝えしていきたいと思います。

よって、前半にお伝えしたことも、再度、お伝えします。

何度もお伝えする内容は、それだけ重要なことですので、耳にタコが出来る…、いや、本ですから、目にタコが出来るくらいに（笑）繰り返し伝えていきたいと思います。

あなたが、「脱・カンチガイ経営宣言」をしてくれたと勝手に判断して、そのための5つの「視点」と「思考」を解説したいと思います。

ポイント①　お客様は、食べてから店に来るのではなく、店に来てから食べる

「当たり前じゃないか」と叱られそうですが、私が見る限り、どうもそのことが、行動の実態では分かっていないのではないか？と思う店が多過ぎます。

飲食店は、言うまでもなく、料理を売っている商売ですから、どうしても、「おいしい料理を作れば売れる」と思ってしまうようです。

もちろん、土台として「おいしい」ということは重要ですが、そこから考えるのではなく、お客様の動向から物事を考えることがもっと重要です。

つまり、「お客様は、食べてから店に来るのではなく、店に来てから食べる」という、あまりにも当たり前のことを、今一度考えてください。

あなたのお店の店頭は、「おいしそう」な感じが漂っていますか？

入りやすい感じがしますか？

私はこのことを、クライアント先では、【店頭フェイス】という視点で改善を図っています。

街中でお手本になるのは、入りやすさではコンビニ、商品訴求においては、マクドナルドの店頭フェイスを参考にし、自分の店と比較し、改善しましょう。

ポイント②　お客様は、メニューの中から食べたいものを選んでいるのではなく、店の中から行きたい店を選んでいる

これも、お客様の立場で考えれば、当然のことです。

①とも連動していますが、売上の厳しい飲食店ほど、店頭であれもこれも訴求し、全体を見ると、何が売りなのかまったく分からない状態になっています。

ここでも、考えてほしいのは、「お客様は、メニューの中から食べたいものを選んでいるのではなく、数ある店の中から行きたい店を選んでいる」というお客様視点です。

お客様が、あなたのお店のメニューの中から「何を食べようかな?」と考えるのは、あなたのお店に来店しようと決めてからなのです。

いや、もう少しリアルに表現するならば、お店の前を通っている人は、「一般消費者」であり、あなたのお店に来店した瞬間に、その人は、「一般消費者」から、あなたのお店の「お客様」に変わるのです。

つまり、「一般消費者」を、あなたのお店の「お客様」に変えるためには、店頭フェイスで何を訴求すべきかを真剣に考えてほしいのです。

そのヒントは、販売データの中にあります。

あなたのお店で一番売れているメニューをまずは、ありとあらゆる角度から訴求していただきたいのです。

また、店頭フェイスにおいては、意味のない装飾、汚れた物、間口を狭くする物、店内を必要以上に隠してしまう物、季節外れの物、等々は、すべて撤去してください。

ポイント③　焼肉屋は、テーブルで焼肉を売るな（パスタ屋ならパスタ、ラーメン屋ならラーメンと置き換えてください）

次に、お客様が来店してからのポイントに移ります。

私のクライアント先で効果を上げているのは、店内訴求においては、『焼肉屋は、テーブルで焼肉を売るな』という考え方です。

これも先にお伝えしましたが、お客様の胃袋は、大きく3つに分かれています。それは、本腹（その店のメイン料理）、脇腹（サイドメニュー）別腹（デザート）です。

先日も、あるラーメン屋に入ったら、見事なまでに「本腹」だけの訴求をやっていました。

そもそも、お客様は、ラーメン屋には九分九厘ラーメンを食べに来ているのですから、店頭フェイスにおいては、人気のラーメンの訴求をすべきですが、店内では、脇腹、別腹の訴求を徹底すべきなのです。

そして、その訴求においても徹底的に研究をして、どうすれば「もう1品」買っていただけるかを考えることが重要です。

これは、実際のクライアント先（ラーメン店）の事例です。

私が最初に訪問した時の店の状態は、ラーメンだけを一生懸命に訴求している店でした。

実は、このお店、餃子が非常においしいのに、ほとんど売れていませんでしたので、まず

POPと値づけの工夫(値上げ)で餃子が数倍の売れ行きに!

●テーブルPOPで告知

●価格と種類を変更

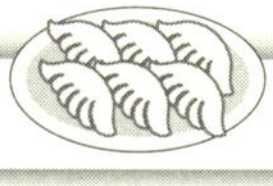

6個　*380*円　1種類

↓

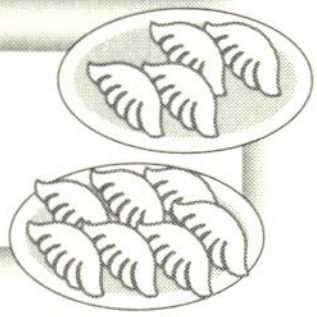

4個　*290*円
7個　*490*円
2種類に
(1個あたりでは値上げ)

結果 その後、2種類に増やしたことで4個290円が「300」、7個490円が「210」の割合で売れるようになった。
テーブルPOP告知で「100」から「300」という割合で伸びた。

↓

最初の「100」から食数で5倍に増加!


は、テーブルPOPで、おいしい餃子を訴求しました。

　すると、それだけでも、テーブルPOPをつける前の餃子の出数を分かりやすく「100」(指数)とすると、告知後は、「300」(つまり3倍)になったのです。

　さらには、それまで【6個380円】だったものを、【4個290円】と【7個490円】の2種類で販売しました。

　これって、実は、1個当たりの餃子は値上げなんですね(苦笑)、ところが、驚くべき結果が出たのです。

【6個380円】での個数を「30

0」とすると、【4個290円】と【7個490円】の合計が「510」になったのです。

さらに、驚きは、その内訳です。

4個がほとんどかと予想していましたが、4個が「300」、7個が「210」という割合で売れたのです。

元々は、「100」だったものが、ちょっとしたアイデアで「510」つまり5倍売れたのです。

この成功は、「脇腹」メニューのポジショニングを明確にしたことが一番の理由です。

ラーメンを食べる人にとって「6個」は多いし、「380円」は高いのです。

では、なぜ「7個」がこんなに売れたのか?ということですが、理由は2つあります。

1つは、それまでの「6個」は、一人前には多く、二人前には少ないイメージだった中で、「4個」と「7個」という設定が、ちょうど、ラーメンと一緒でも食べられる「一人前」と「二人前」になったのです。

2つ目の理由は、「290円」という割安感のある価格設定が、お客様を振り向かせ、「だったら7個にしよう」という選択になる「価格の階段」の役割を果たしたのです。商売は、顧客心理を読み取れば、本当に面白いものです。

ポイント④　一番売れているメニューを2倍売るには？と考えよ

今年に入ってからも、お陰様で多くのサポート依頼のお問い合わせがあり、いろいろとお話をうかがっていると、ほとんどの方が、「売れているものは、もうこれ以上は売れない」と思っており、さらには、「売れないものが売れるようになったら、売上がアップする」と考えています。

この手の話は、何度か登場していますから、あなたはもうお分かりだと思いますが、これは、まさに「カンチガイ経営」ですからね。

お店で、販売個数のデータを見ていると、一日に1個どころか、一週間に2個とかしか売れていないメニューがいっぱいあります。

私は、そういうメニューを絞り、売れているメニューをより強化するように指導しており、今までの最大では、メニューをそれまでの4分の1にしたこともあります。

ところが、その、週に2個のメニューをなかなかカット出来ない経営者が多いのです。

ハッキリ断言します。そのようなあまり売れていないメニューが、仮に、2倍、3倍売れても、売上全体からすれば、何の影響もありません。（3倍売れても、週6個で、一日1個にも満たないわけですから）

極論ですが、あなたのお店で一番売れているメニューを、今の2倍売り、脇腹メニューを今の5倍売ったら、必ず、売上は飛躍的にアップするでしょう。

売れないメニューを、1個2個売ったと喜ぶよりも、一番を売りましょう！　脇腹メニュー、別腹メニューを売ることが「ONセールス」ですからね。

ポイント⑤　従業員のマンネリを打破せよ

う〜ん、この本でも何度「従業員のマンネリ」という言葉を使ったことでしょうか？　マンネリは本当に怖いですからね、料理のマンネリ、従業員のマンネリ、やってることのマンネリ…、マンネリは罪です。

あなたのお店の従業員は、頑張っていますか？　頑張っているとしたら、具体的にどう頑張っていますか？

売上の厳しい店のスタッフの共通点は、漠然とした頑張り、具体性のない頑張りで日々を過ごしています。

この大いなるマンネリを打破しなければ、大きな売上アップは見込めません。あなたは、①〜④のポイントを具体的にスタッフに落とし込み、一丸になって、数字を変えていかなければいけません。

私のクライアント先では、クライアント先の特徴に合わせて、「スタッフの評価制度」「大入袋の設定」「スタッフのプロジェクトチーム化」「スタッフリーダーの選定」「私と経営者の打ち合わせにスタッフも参加させる」等の対策をとり、今までの仕事に、「プラス何をしてほしいか」そして、「どの数字を上げてほしいか」ということを明確にして取り組ませています。

クライアント先のある蕎麦居酒屋では、このスタッフリーダーを育成し、以来、約2年間、順調に売上をアップさせ、この5月は、さらに前年比145%という驚異的な売上アップを達成した上で、「まだまだやることがいっぱいあります」と、マンネリを打破し、力強い言葉を口にするようになりました。

30 「サイコロ理論」でカンチガイ経営から脱出せよ

ここまでは、飲食店の現場に沿った話を中心にしてきましたが、少し目先を変えて、私が飲食店のコンサルタントとして常に念頭に入れている、秘伝（？）の、名付けて「サイコロ理論」についてお話したいと思います。

まあ秘伝の理論と呼ぶほどの大袈裟なものではないですが、私は、飲食店に限らず、商売や経営にも合致する思考だと思っていますので、是非、参考にしていただけたらと思います。

●「サイコロ理論」の仕組みは

では、まず、頭の中でサイコロを思い出してください。（実際にサイコロがあれば用意してください）

そこで、サイコロの1～6までの6つの数字が出る確率は、各々16％ですよね。（あくまでおおまかな説明ですので小数点以下を切り捨てています）

さあ、そこで、数字の「1」は、不変の「成功」の数字と考えます。

逆に、数字の「6」は、不変の「失敗」の数字と考えます。

そして、数字の「2」～「5」の4つの数字は、変更可能な「失敗」の数字です。

ええっ？　意味が分からないと思われているかもしれませんので、もう少し説明を加えましょう。

つまり、どんな経営も、どんな商売も、事前準備において、いかに「2」～「5」を「成功」の目にするかがポイントだということです。

事前準備を怠った場合は、「2」～「5」は、「失敗」の数字ですから、サイコロを振っても成功確率は16％でしかありません。逆に、万全なる準備をすれば「2」～「5」は、「成功」の数字に変更しますから、成功確率は84％にまでなるのです。

まあ、これを逆の目線で見れば、どんなに万全でも100％成功するとは限らないし、どんなに準備不足でも16％は成功する可能性があるということです。

長々と説明しましたが、なんとなく言っている意味はご理解いただけましたでしょうか？

かの有名な「まるかん」の斎藤一人さんは、世の中に100点や100％はない、どんなに頑張っても「78点」「78％」だと言われていますから、私の「サイコロ理論」の最高でも「84％」という考えも遠からずなのではないかなと思います。

言うまでもなく、私のコンサルタントとしての仕事は、「2」～「5」を「成功」の数字に変換する取り組みをすることです。

お店が「84％」の成功確率の力を備えたならば、サイコロは振れば振るほど「成功」を積み重ねられるからです。

逆に、売上が低迷している店は、この成功確率を上げないままに（つまり16％の成功確率で）サイコロを振っている状態ですから、振れば振るほど、「失敗」を積み重ねてしまう可能性が高いということになります。

ここで「サイコロ理論」からのカンチガイ経営者のパターンをお伝えしましょう。

【「サイコロ理論」で見るカンチガイ経営者のパターン】

①今、お伝えしたように、事前準備のない素の状態では、成功確率は16％ですが、その状態のまま、何度もサイコロを振る経営者で、当然、成功確率は、16％です。

②次は、「2」～「5」を成功数字に変換しようとするのですが、結局、そのうちの1つか2つしか変換出来ないまま見切り発車で（成功確率32％～48％の状態で）サイコロを振る経営者です。①よりは、確率は上がるものの、50％以下でのチャレンジになります。

③最後は、「2」～「5」を成功数字に変換しようと事前準備をしているのですが、そもそ

もの「視点」と「思考」が間違っているために、自分では、「84％」の成功確率だと思っていても、実際は、「16％」の成功確率でサイコロを振るという、ある意味、一番危険な経営者です。

現在では通用しない過去の成功体験を引きずっている経営者もここに入ります。

このように、「カンチガイ経営者」は、大きくこの3つに分類されますが、ある意味、例外的で不幸なパターンがあと2つあります。

まず1つは、成功確率「84％」でサイコロを振りながら、6分の1の失敗の目を出してしまう場合です。

これは、いろいろな分野でもあるでしょう。

盤石の経営と思いきや思わぬ事態で失敗してみたり、「思わぬ落とし穴」「運が悪い」と表現される類のものです。

ただ、この場合は、先にもお伝えしましたが、成功確率が高いのですから、サイコロを振れば振るほど成功に導かれていくはずです。

大リーガーのイチロー選手だって、5打数0安打の試合がありますが、試合を重ねていく中で、高い数字を出していくのと同じです。

「サイコロ理論」で読み解けるカンチガイパターン

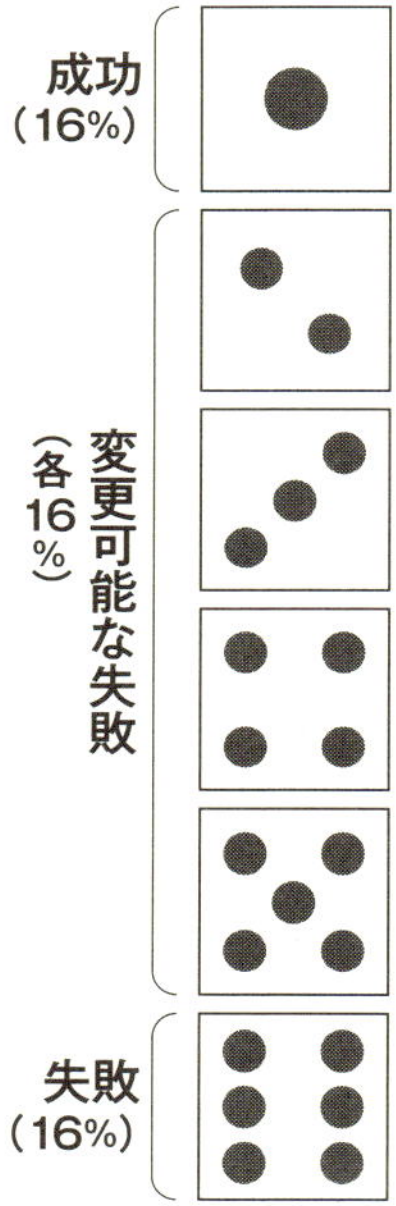

何も考えていない
成功確率16%

途中まで1つか2つクリアして見切り発車
成功確率
32~48%

視点の間違った思い込み型
（一番危険）
成功確率16%

サイコロ理論

サイコロを振った時、1を成功、6を失敗、2~5を変更可能な（成功に導ける）失敗とする。2~5が出た時に見切り発車せずに成功に持っていくように準備・改善することで、成功確率を16%から84%へと高められる。

ですから、この成功確率84％での失敗は、「気にせず、自信を失わない平常心」を保つことが一番重要です。

これもいろいろな分野において、実力があるのに最初のつまずきでそのまま終わってしまう人がいますよね。

もう1つは、実は、これが一番厄介なパターンですが、成功確率「16％」のままサイコロを振って、6分の1の確率の「成功」の目を出してしまうパターンです。いわゆる「ラッキーパンチ」というやつですが、この「まぐれ」を体験すると、なかなか治りません。（苦笑）

筋金入りの「カンチガイ経営者」に育ってしまう可能性大なのです。

当然、確率が極めて低いのですから、サイコロを振れば振るほど、失敗に突き進んでいきますから、一時期の成功は、まさに、「終わりの始まり」というべき状況で、行く末が恐ろしいことになります。

私のクライアント先の従業員の中には、以前は、自分で店を出していたが失敗して廃業した人がたくさんいます。その内容の80％は、「1店めが上手くいったので、2店めを出したのですが、これが大失敗でした」というものです。

本人たちは、2号店の立地が悪かったように言いますが、そもそも1店めの成功が「ラッキーパンチ」だったのです。

面白いことに、ラッキーパンチで成功した経営者は、次に必ず、大勝負をして失敗する傾向があります。

たとえば、20坪の店がラッキーパンチで上手くいったからと、次に60坪の店を出すといった感じです。結局、60坪の店がこけて、20坪の店の利益まで丸ごと飲み込んでしまうパターンです。

いかがでしょうか？　もちろん、目指してほしいのは、サイコロの「2」～「5」を成功数字に変換し、成功確率84％でサイコロを振る経営です。

●圧倒的に多い③のタイプ

さてさて、あなたはどのタイプの経営者ですか？

ちなみに、私にサポートを依頼される経営者は、圧倒的に③のタイプの経営者ですから、売上不振の飲食店の多くもこのタイプの経営者なのでしょう。

先日も、１００席以上あるお店で食べ放題の店をオープンさせたいという方の相談を受けました。オープン予定はいつですか？と聞くと、１ヵ月後だというのです。ほぼ白紙、つまりサイコロが素の状態（成功確率16％）で、そのままサイコロを振ろうとしているのです。

しかし、なぜかチラシだけは完成しているということで見せてもらいましたが、そこには、店の名前も、住所も、電話番号も、地図も書かれていません。

そこで、自信たっぷりの経営者に、「これでは、お客様が来ないどころか、来れないですよ」と言うと、その経営者は、一生懸命に作ったチラシをそういう言い方するなんて、冷たい人だなというような顔をして私を見ていましたが、どこの誰が、店の名前も、住所も、電話番号も、地図もない店に行けるというのでしょうかね？

私は、再度、この経営者に、「2」～「5」の成功数字への変換（つまり、準備不足の解消）をするために、最低3ヵ月ほど時間をかけるべきだと進言したのですが、その経営者は、「いや、うちは、1店で終わるつもりはなく、早めに5号店まで出したいので…」と、私が言っていることをまったく分かっていない様子でした。

私には、「16％の成功確率のままで5回（5号店）サイコロを振る」と言っているようにしか聞こえませんでしたから、結局、この店は、サポートを継続しないことになりましたから、予定通りならば、もうすぐ成功確率16％のサイコロが振られるのでしょう。

どうでしょうか？　あなたは、5回連続で、サイコロの「1」を出すチャレンジをしますか？　私には出来ません、私は臆病者ですから（苦笑）、きっちりと「2」～「5」の成功数字への変換をしてから、サイコロを振るでしょう。

このサイコロ理論は、すべての業務に（人生にも）当てはまります。

あなた自身も、あなたのお店の従業員も、一度どのタイプか分析していただきたいのです。

●サイコロ理論にもあてはまる「段取り八分」

また、何かの取り組みを行う時にも、その取り組みは「2」～「5」の成功数字への変換は出来ているのか？と自問自答してください。

間違っても、成功確率16％でサイコロを振る行為を「チャレンジャー」とか「男らしい」なんて言葉で賞賛しないでください。

経営は、ギャンブルではないのです。

そういえば、「段取り八分」ということわざがありますね。

これは、物事は、段取り（事前準備）で80％が決まるという意味ですが、これって、丸っきり、サイコロ理論にも当てはまりますよね。

余談ですが、私の会社の名前『イチマルハック』の由来の1つが『十中八九』です。

10のうち、8か9ということですから、まさに、84％ですね。

世の中には、十中十（つまり100％）はない、成功確率最高の十中八九（84％）までにする取り組みこそが、人生や商売の醍醐味であり、成功や幸せを勝ち取る秘訣なのでしょう。

あなたのお店も、十中八九、大丈夫な店にしましょうね。

31
飲食店の数字を見る視点「トレンド&アベレージ」

当然ながら、私のもとには、日本全国のクライアントから、自分の店の売上状況や近隣商圏の景気動向などの情報が入ってきます。

直近の報告でも、「売上150万円だったお店が、屋号からメニューまで全面リニューアルし、400万円になりました」

「ショッピングセンターのテナント平均が前年対比92%のところ、クライアント先は、前年対比138%となっており、ダントツぶっちぎりの1位となり賞状や賞金を独占しました」

「4年連続で売上を伸ばし続けている店が、今年は、なんと、さらに前年の130%になった」等々…。

その他にも、過去最高売上の更新や驚異的な客数増など、本当に、我ながら「凄い」という他ない状況で、まさに、コンサルタント冥利に尽きるというものです。

これは、バブル期の話でもなければ、大きな商圏変化などの外的要因で売上が急増した話でもありません。

ほんの数ヵ月前まで、5年、10年と売上が下がる一方だった店や、あと半年この状況が続けば、資金ショートで店を潰さなければならなかった等々、まさに崖っぷちを経験した店ばかりなのです。

ただ、飲食店のコンサルタントとして、クライアント先の数字を見ていくなかで、私が何よりも重視しているのが、「トレンド&アベレージ」です。

ブレイクした店の話をしておきながら、言うのもなんですが、瞬間の売上に振り回されてはいけません。

ここまでお伝えした「ブレイクした店」は、すべて、売上が上がったまま下がらない店ばかりであって、単に、2~3日や1カ月、売上が上がったよ~という話ではありません。

●「トレンド&アベレージ」とは?

「トレンド&アベレージ」について詳しく説明しましょう。

まず、「トレンド」とは、傾向・風潮・流行…等の意味がありますが、私がいう「トレンド」とは、「傾向」です。

次に、「アベレージ」は、そのまま「平均」です。

さて、この「傾向」と「平均」が、お店の状況を見る上でいかに重要であるかをお伝えしていきましょう。

数ヵ月前に、あるクライアント先から、慌てて電話がありました。

なんでも、創業15年間で初めて売上がゼロだったと…。

つまり、1人もお客様が来なかったと泣きそうな声で報告してきたのです。

確かに、気分がよいものではありませんが、これを「傾向」と「平均」の視点で見ると、まったく気にすることではないのです。

実際に、この店は、最終的に、前年対比107%を達成していますし、その翌月も好調に推移しています。

つまり、売上はまだまだ伸びる「傾向」にあり、売上の「平均」も上がっているのです。

しかし、不思議だと思いませんか？　何の約束もしていないのに、平日、土曜、日曜の売上(客数)が、ほぼ平均しているってことが…。

私にコンサルティングの依頼をされて、初回訪問をした際に、売上状況を聞くと、誰もが、「平日は、10万前後、土日は、20万前後ですね」みたいな感じでスラスラと答えてくれます。

そして、データを見ても、おおよそ、そのような「傾向」と「平均」になっているのです。

私も大学生のアルバイト時代から、30年以上、飲食業界に関わっていますが、このことが本当に不思議でした。

ところが、自分自身が、飲食店のコンサルタントとして働くようになってくると、単に、「不思議だなあ」と言っているだけではいけませんから、いろいろと考えました。

そして、こんな考え方がまとまりました。

とてもシンプルなことです。

「売上を上げるということは、傾向と平均を上げることだ」

ねっ、シンプルでしょ？（笑）

たとえば、新規オープンの飲食店の売上は、最初の2～3週間は、いわゆる荒れた数字になります。

平日に20万円売ったと思えば、5万円だったり、日曜日が10万円だったり…。

その時期は、言わば「傾向」と「平均」が落ち着いていない時ですね。

これを簡易的に『変動期』とします。

しかし、やがて、「傾向」と「平均」が落ち着いてきて、なんとなく、その店の持つ、現状の力が見えてきます。

まあ、これを『安定期』としましょう。

すると、この『安定期』を放置しておくとどうなるでしょうか？

景気の悪い時期は、基本的に、ジリ貧になっていきますし、競合店や商圏の大きな変化などでは、大きく落ち込むこともあります。

これをあまり使いたくない言葉ですが、『衰退期』としましょう。

つまり、お店は、概ね、『変動期』→『安定期』→『衰退期』と流れていくのです。

では、すぐに潰れていく店は、どんな状態なのか…。

それは、『安定期』がない、もしくは、極端に短いのです。

1年も持たずに衰退し、閉店を余儀なくされているのです。

逆に、何十年も繁盛しているお店はどんな感じなのか…。

●長く繁盛している2つのパターンとは

それは、大きくは2つのパターンに分かれます。

1つは、30年たっても、未だに『安定期』であり、これからも『安定期』が続くパターンです。

このようなお店の特徴は、圧倒的な習客力（お客様の来店が習慣化するような魅力）を持っている点で、真の名物メニューを持っているか、売り方やボリュームや価格などが、他を圧倒している場合が多いようです。

そして、**もう1つのパターンは、『衰退期』を感じて、お店を再生し、『第2安定期』『第3安定期』を創り出している**パターンです。

つまり、生き延びる店、繁盛し続ける店は、

【リピート経営】（習客力）……お客様が何度も行きたくなる店

【リバース経営】（再生力）……時流に合わせた改善をし、進化している店

この2つのいずれかであると考えればよいでしょう。

まれに、リピート&リバースの店はあるでしょうが、繁盛店で、リピートもリバースもないお店というものは存在しません。

そりゃそうですよね？　お客様が「また行きたい」と思わないような状況で、何も改善をしなければ、行く末は決まっています。

そう考えると、今、苦戦している店が、いかに早く「スイッチ」を入れなければならないかがお分かりいただけると思います。

さて、あなたは、どちらの経営で進んでいますか？

ここで、やっかいなのが、売上の悪いほとんどの飲食店が、【リピート経営】に固執して失敗している点です。（そもそもリピート力がないのに、ただ、リピートを願っているだけの店）

「まだ大丈夫だろう」「景気が良くなれば何とかなるさ」なんて言いながら、『衰退期』の下り

階段を降りて行くのです。

お伝えした、私のクライアント先のブレイク数字は、ほとんどが【リバース経営】の賜物です。

何度も言いますが、いかに、「傾向」と「平均」を上げるのかを、徹底的に追求していった結果です。

【リバース経営】というと、大掛かりなリニューアルを想像されるかもしれませんが、【リバース経営】＝やたらとお金を使うというものではありません。

基本的な考え方は、なぜ「傾向」と「平均」が低空飛行なのかを考え、徹底的に改善します。

小さいことで言えば、壁の張り紙1つだって見逃さずに改善するのです。

私のクライアント先の売上が激増する時に、必ず起こることがあります。

それは、先にもお伝えしましたが、お客様から「ここは、経営者が変わったの？」と言われる現象です。

想像してみてください、新メニューを売り出したくらいで、お客様は、「経営者が変わったの？」とは、言いませんよね？

お客様からすると、抽象的な表現ですが、お店が持っているオーラが変わっているのです。

最初に言いましたが、なぜか「売上は平均化」してくるものですから、これを逆に考えれば、平均を上げれば、自ずと売上も上がるのです。

今の売上を100として、4年間、119%ずつ売上を伸ばしていくと、売上は、いまの200%、つまり2倍になります。

簡単なことではありませんが、あえて、簡単に言いましょう。

売上を119%の伸び「傾向」にし、それを4年間「平均」化すれば、売上は4年で200%、つまり2倍になります。

簡単に言わないでよって思うかもしれませんが、逆に、あなたのお店が、1%売上が伸びたら状況は一変しますか？ たぶん、1%や2%の伸びでは、大勢に影響はないのではありませんか？ 年々、売上下降と共にしぼみきった「夢」を、今一度、ぷ〜っと膨らまそうではありませんか！

あるクライアント先では、2年前にコンサルティングを依頼された時に、月商600万円の売上でした。

経営者から、「なんとか月商1000万円売れる店にしたい」と言われました。

売上倍増には届かないものの、これだって、目標167%ですから、凄い目標です。

そして、その店は、様々な取り組みの中で、昨年は月商800万円、今年はとうとう月商1000万円を売上げました。

このペースで行けば、１６７％どころか、４年を待たずに売上が倍増するかもしれません。

さらに、「傾向」と「平均」を上げるための取り組みを実施しているのは言うまでもありませんが、この店は、【リバース経営】に加え、【リピート経営】の段階に来ていると言えるでしょう。

日々の売上に一喜一憂なんてしているのが、ばかばかしくなってきますよね。

お伝えしてきたクライアント先のブレイク売上のほとんどが、何年もかけて毎年売上を伸ばしているお店です。

つまり、何年も連続で「傾向」と「平均」を上げ続けているのです。

この厳しい市場環境下では、５年、10年と売上を下げ続けているお店もいっぱいある中での数字ですから、本当に凄いことだと思います。

もし、あなたのお店もそのような低迷傾向にあるならば、完全に脳みそを【リバース経営】にシフトする必要があるでしょう。

夢と希望でオープンしたあなたのお店が、飛行機に例えれば、長らく、安定飛行であり続けられることを願っております。

着陸態勢に入ってからのリバースは至難の業です。

今回の内容が、あなたのリバーススイッチを押すきっかけになれば、幸いです。

32 あなたの器は「繁盛の器」それとも「赤字の器」

この本もそろそろ終盤になってきました。

少しだけ、私自身の話もしたいと思います。

私は、大学1年生の春から、飲食店でアルバイトを始めたのが、この飲食業界へのデビューということになります。

アルバイトは、8000時間を超えていましたから、大学生なのか、飲食店の従業員なのか分からないような状況でした。(苦笑)

その後、大学を無事(?)5年で卒業し、大手外食チェーンに就職しました。

今、振り返って自信を持って言えるのが、小学校から大学まで、私は、まったく勉強をした記憶がないけれど、飲食業界においては、本当に一生懸命に働き、一生懸命に勉強し、一生懸命に知恵を出してきました。

ただ、ある時期から思うことがありました。

インターネットもない時代でしたから、情報は、専門誌や書籍でしたが、ある時期から、「何か違うぞ?」と思うようになりました。

何が違うのか…、それは、専門誌や書籍の中で知識をどれだけ得たとしても、なかなか現場では活かせない…、それどころか、むしろ、現場とかけ離れて行く感じがしたのです。

実際に、20代前半の頃、知識の塊と化した私は、その当時の従業員全員から、総スカンをくらった経験があります。

それでも、最初は、「自分は間違っていない」「この知識を理解出来ない従業員の方が悪いんだ」と思っていました。(まさにカンチガイ野郎ですね)

時は流れて、いつしか私は、逆に、本を出版し、専門誌に連載をするようになりました。

私は、飲食店の現場で、悩み苦しみながらも一生懸命に働いている皆さんに、「知識の羅列」のような文章を書くのは絶対にやめようと思いました。

20代前半に読んだ本は、どれも、知識の羅列で、何か淡々としていて、冷たい温度を感じたものです。

「笑顔で接客しなさい」……そんなの分かっているよ!

「目を見て話せば、人は理解します」……本当か?

「テイクアウトをやれば売上はその分上がる」……そんな単純じゃない!

「ＤＭやサンキューレターをやりなさい」……なんか違う？

「原価と人件費を落とせ」……大切な売上も落ちないか？

「従業員に経営者意識を持たせなさい」……それは無理です！

何よりも、リアリティーを感じなかったのは、きっと現場に踏み込んで、現場で体験した実話がほとんどなかったからかもしれません。

もちろん、各々の著者は、立派な知識をお持ちの方ばかりだったでしょう。

しかし、「知識の羅列」＆「そうすれば売上は上がるでしょう」という論調は、著者の立派さばかりが伝わってきて、自分へのエールとして感じたことがありませんでした。

逆に、最近は、アントニオ猪木さん顔負けの「元気ですか〜〜〜、元気があれば何でも出来る」調の本がもてはやされていますが、私は、それも何だか違うと思うのです。

私は、執筆においては、「読者へのリアルなエール」をいつも心掛けています。

こんな私の文章で、日本全国のいろいろな飲食店の人が、一人でも多く、奮い立ってくれたなら、もうこれに勝る喜びはありません。

さて、本文もいよいよラストスパートになってきました。

もう少し、あなたに伝えたいエールがあります。

「繁盛の器」という話をしたいと思います。

私に、コンサルティングの依頼をされる方は、多かれ少なかれ、現状の売上に不満や不安を抱えておられます。

初回訪問では、お店の現状をじっくり聞くのですが、ほとんどの方が、「リーマンショック以降…」「競合店が出来てから…」「セシウムの影響で…」等々、売上低迷の外部要因ばかりを語ります。

確かに、それも一因かもしれませんが、私のコンサルティングの経験から言えば、それらの外部要因は、大した要因ではありません。

むしろ、その店の経営者や店長が持っている「繁盛の器」の大きさこそが、大きな要因になっている場合がほとんどです。

●経営者や店長の持っている「器」が「繁盛の器」か「赤字の器」か？

これは、あるお店の話です。

そのお店は、月商１００万円足らずの店で、毎月の赤字を親からの援助（？）で埋めていて、早く、自力での経営にしたいと頑張っているとのことでしたので、私は、ある冷凍食材を使ったメニューを提案しました。

すると、その経営者は、その冷凍食材が、「冷凍庫に入らない」と言うのです。

まあ、これが、牛1頭分の肉を入れろと言ったのならば理解出来ますが、私が提案した冷凍食材は、みかん箱半分くらいの大きさです。

もしも、それが本当の話ならば、この店は、景気が悪く、お客様が来ないから、売上が100万円足らずなのではなく、100万円足らずの売上にしか対応出来ない原材料収納力だということになります。

これまた、言うまでもありませんが、基本的に、飲食店は、原材料を調理し、商品化することで成り立つ商売です。原材料が、100万円分しか収納出来なくて、どうやって、150万円、200万円と売れるでしょうか？

それも、実際に収納出来ないのではなく、経営者が、そう思い込んでいるだけ、つまり、「繁盛の器」が小さすぎるのです。

このお店は、すべてにおいて、このような感覚で、モーニングメニューにトーストを提案しても、「パンは切れるかなあ？」「トースターを置く場所があるかなあ？」と真顔で言います。

そんな感じですから、朝に使用したモーニングメニューののぼりを、お昼以降の営業中は、お客様から見えるフロアの中に（しかも入口付近）立てかけています。

その光景は、普通なら、閉店後か準備中の状態です。

これも、経営者本人に言わせれば、「置くところがないから仕方がない」となるのです。

私は、瞬時に「これでは、売れるわけがない、いや、売れないようにしているとしか思えない」と思いました。

ハッキリ言いましょう、この店は、景気が悪いからではなく、経営者そのものが、「繁盛の器」ではなく、「赤字の器」なのです。

口では、「最低150万円は売らないと成り立たないです」と言っても、器が100万円足らずなのです。

これをコップに例えれば分かりやすいでしょう。口では、150ccの水を入れたいと言っていても、コップの容量が100ccなのですから、そこに、水を注いでも溢れるだけです。

言うまでもありませんが、私のコンサルティングの大きな仕事の一つが、経営者が気づいていないこの「器」の小ささを改善することです。

これまでにご紹介した売上倍増店の事例などは、つまるところ、この「器」を倍増させたのです。

それは、席数であったり、オペレーションだったり、従業員のレベルだったり、イベントのやり方だったり、売れ筋メニューの開発や訴求であったり、書き尽くせないくらいに多面的なものです。

その総合点が、そのお店の「器」になるのです。

●経営者・店長の「器」に大きく左右される飲食店の売上

こんな話もあります。

あるお店では、目玉となるメニューがなく、当面は、その中でも、お店が一番自信のあるメニューを訴求していこうという話になりました。

しかし、そこの経営者は、なんだか浮かない顔です。

「どうしましたか?」と聞くと、「いや、そのメニューは仕込みが大変で、あまり売れてほしくないんです」と言うのです。

「はあ???」私は、目が点、開いた口は塞がらない状態になりました。

そもそも、このメニューを一番自信があると言ったのは、経営者本人です。

「売れては困る自信作」を武器にして繁盛店は作れるわけがないですよね。

あなた自身、そして、あなたのお店の思考回路が、実は、「赤字の器」なのかもしれませんよ。

困ったことに、そういう思考回路であるにも関わらず、誰一人、自覚症状がないというのが、この病(?)のやっかいなところです。

街を歩けば、10月になっても、お店の店頭に「夏はやっぱりかき氷」と書いたポスターを貼りっぱなしの店があったりします。

このような「お客様視点」が麻痺した状態も「赤字の器」の要因です。

なんだかんだと数字を分析したり、景気の悪さを言い訳にしたりしても、つまるところ、売上は、人の器に左右されるものです。

私が大手の外食チェーンでスーパーバイザーをやっていた頃に、よくこんな出来事がありました。

売上が好調な（評価の高い）A店長と売上が不調の（評価の低い）B店長をチェンジさせる人事異動を行なうと、売上の好不調が逆転してしまうことが多々あるのです。

タネ明かしをすると、A店長がいたお店は月商300万円、B店長がいたお店は月商600万円です。

当然ながら、優秀なA店長を、売上の高い方に異動させて、もっと売上を伸ばしたいと思ったわけですね。

ところが、評価の低かったB店長のお店は、月商300万円が400万円にアップし、評価の高かったA店長のお店は、月商600万円が480万円前後にダウンしたのです。

実は、このようなパターンは、非常に多いのです。

もうお分かりでしょうが、A店長は、300万円規模のお店では優秀なのですが、600万円規模の「器」は、持っていないのです。

●スタッフの確保でも経営者や店長の「器」で大きな差が

これは、スタッフの確保においても同じことが言えます。

いつもスタッフ不足で困っている店長、どこにいってもスタッフを集められる店長がいるものです。

これらも、すべて「スタッフが集まりにくい場所」とかではなく、本人の「器」であり、経営者にとって、もっとも大切なことは、「目指す目標に値する器にする」ことです。

しかし、**やっかいなことに、この「器」は、放置しておくと、どんどん小さくなってしまうのです。**

あるお店では、売上がピーク時の50%、つまり、半分になってしまったということで、何とかしたい、このままでは首をくくらなければならないと、悲壮な表情で私にコンサルティングの依頼をされました。

現状は、平日の売上が5万円前後、つまりピーク時は、10万円前後売っていた店です。

私は、お店の状況を見ながら、少し時間がかかりそうだなと直感しました。本来ならば、すぐにでもピーク時の10万円まで戻したいところですが、あえて、「まずは、売上8万円を目標に頑張りましょう」と言いました。

すると、その店の経営者ご夫婦は、顔を見合わせて不満気な顔をしています。

私は、内心、（そうだよな、私にコンサルティングの依頼をされた理由は、最低でもピーク時の売上には戻したいということだよな）と反省し、慌てて、「いや、まずは8万円ということであって、当然ながら、さらに上を目指しますよ」と言うと、ナント、この経営者夫婦から出た言葉は、「1日、8万円も売ったら、私たち、忙しくて死んでしまいます」と言うのです。

言っておきますよ、これまでもそうですが、この本で書いてきたことは、すべて事実・実話ですからね。

もちろん、この話も本当にあった恐い話なのです。（苦笑）

私は、一瞬、頭が混乱してしまいました。

このままの売上では、「首をくくらなければならない」と言っておきながら、売上を上げようと言えば、今度は「忙しくて死ぬ」というのですからね。

どっちに転んでも死ぬのか？って話ですよね。（苦笑）

結局、このようなお店は、売上が下がると同時に、「繁盛の器」もどんどん小さくなっているのです。

飲食店経営者の仕事は、「繁盛の器」を大きくすることだと肝に銘じて頑張りましょう。

33 カンチガイな気休め「販促」は「反則」だ

前項で、「DMやサンキューレターをやりなさい……なんか違う?」という文章を書きましたが、読者の方の中には、「DMやサンキューレターをやっているけど、なんか違うってどういうこと?」と思われた方もいらっしゃるでしょうから、少し触れておきましょう。

2012年の年の瀬にご相談いただいた飲食店経営者の声は、悲痛なものでした。

ある地方都市のお店（以下A店）は、5年ほど前まで月商1000万円を売上げる繁盛店でしたが、年々売上が下降し、現在は、なんと、月商350万円までに下がっているそうです。

さらに、その間に出店した2店が共に不振で、現在は、3店舗の合計でも、月商700万円を下回っているそうです。

つまり、5年前は、1店で1000万円だったのが、いまは3店で700万円ということですから、その厳しさがお分かりいただけると思います。

このA店は、この5年間で売上がほぼ3分の1にまで落ち込んでいますが、何も手を打たずに、ただ黙っていたのでしょうか？　もちろん、そんなことはなく、むしろ、売れていた5年前の数倍も販促経費を使っていたそうです。

ならばなぜ、ここまで売上が落ち込んだのか？　一言で言うならば、その打つ手がすべて「カンチガイ」経営だったのです。

A店が使ったその多くの販促費用は、タウン誌への広告とDM・サンキューレターの発送です。また、その内容の多くは、大幅なオールディスカウントです（オールディスカウントとは、来店者全員に対しての値引きのこと）。

もちろん、タウン誌やDMが絶対にダメだとは言いませんが、少なくとも、このA店が、それにも関わらず、売上が3分の1になっている事実からすれば、売上アップどころか、下げ止めにもなっていないのです。

●基本的にDM、タウン誌、ポイントカード等の販促はやらない

私のクライアント先では、基本的に、DM、タウン誌、ポイントカード、さらには、ホームページも、やらない方向で指導をしています。

まあホームページは、自分達のモチベーションが上がるのならばやってもいいでしょうが…。

「えっ、今の時代に？」と思われるかもしれませんね。

でも、これも本当の話で、単純に言えば、これらの販促（反則？）をやめて、売上が上がっている店が、ほぼ１００％です。

私は、店を構えている「飲食店」においての情報発信は、基本的に「店」そのものであるという信念を持っています。

便利な時代になり、本だけではなく、この世のほとんどのものがネットで購入出来るようになりましたが、残念ながら、「今、ラーメンが食べたい」からといって、パソコンをクリックしても、目の前にラーメンが出てくることはありません。

飲食店は、「店でしか食べられない」のです。

私は、これは、飲食店の大きな長所だと思っています。

将来的には、「店」という形態での商売は、限りなく飲食店（飲み屋系も含む）と風俗店だけになってくるのではないかと思っているくらいです。

もう少し、飲食店の情報は、「店発信」という思考を持ってもよいのではないかと思うのです。

関東のあるクライアント先では、税理士さんが、「佐野さん効果は凄いですね、毎月の販促経費が15万円削減された上に、売上はアップするなんて…」と驚かれたそうです。

読者の方の中には、そんなこと信じられないと思われる方も多いかもしれませんが、A店が莫大な販促経費を使って、売上が3分の1になったのも、千葉のお店が販促経費を0円にし

店でしか食べられないのは
飲食店の大きな「長所」

て、売上を130%アップさせたのも事実です。

さて、ここで、販促の詳細にも触れましょう。

まず、DMについてですが、これは、多くのクライアント先が「多くの回収がある」と言われます。

しかし、ならばなぜ、全体の売上は上がらずに下がっているのでしょうか？ 100%その通りということではありませんが、ここでは分かりやすい例えとして、新聞販売の営業を例にとりたいと思います。

ご存じのように、新聞販売の営業は、100%新聞を購読していない家を対象に行なっており、今、購読している家には営業しません。

なぜでしょうか？ そんなの当たり前だと思われるでしょうが、それは、新規客を拡大したいからなのです。

仮に、現在、新聞を購読している家に、購読500円の割引券を配ったらどうなるでしょうか？ 当然のことですが、その割引券の回収枚数は、凄いことになります。

しかし、売上は、一家当たり500円減少してしまうのです。

もちろん、新聞の営業と飲食店のDMを100%同じだと言うつもりはありません。

しかし、DMは、「回収枚数ほどの効果はない」理由の1つとしては、このことを頭に入れておいてほしいのです。

●ＤＭ会員等の囲い込み策に、かなりの効果があると思うのもカンチガイに

ついでにお店では、「ＤＭ会員」なんて、勝手にカウントしていますが、本当にお客様の方でも「私は会員だ」と思っているでしょうか？

先の千葉のお店が、「ＶＩＰ会員」と称したスタンプカード＆ＤＭ会員を１０００名近く持っておりました。

私はそれをやめるようにすすめましたが、お店は、急にやめることに抵抗があり、３ヵ月間は、そのカードやＤＭの特典には対応しますというポスターを掲示しました。

ところが、その３ヵ月間での特典の利用は、ほぼゼロでした。

それに、お店が「お客様から、なんでやめるんですか？というクレームが来ませんかね？」と心配していましたが、これも取り越し苦労で、そんなクレームは、１件もなかったようで、なんだか、逆にショックだったようです。

いかに、自分達が「会員」として囲い込んでいるとカンチガイしていたかが分かるというものですよね。

それから、オールディスカウント（来店者全員のディスカウント）も説明しましょう。

売上が5年間で3分の1になったお店が何度も行なった販促が、オールディスカウントです。

簡単に言えば、「ご来店のお客様全員20%オフ」みたいなものです。

私のクライアント先では、メニューディスカウント（ある限定のメニューの値引き）や条件ディスカウント（クーポンなどの持参の場合のみの値引き）は行なうこともありますが、オールディスカウントはやりません。

先日も、都内のクライアント先で打ち合わせをする際に、某チェーン店を利用しましたら、レジ係のスタッフが、「ただいまの時間、20%オフですので」と言って、コーヒーを20%値引きしてくれました。

もちろん、私はそんなこと知りませんし、他のお客様を見ても、「ああ、そうなんだ」という顔をしています。つまり、どちらにしても来店しているお客様全員を値引きしていては、売上はむしろ下がってしまうのです。

このようなオールディスカウントは、圧倒的な宣伝力が伴わなければ成功しません。

つまり、大手チェーンの戦略であり、個人飲食店の戦略には向かないと考えるべきでしょう。

このような販促を繰り返し、売上を急降下させたA店は、次に、2つめのカンチガイ経営を行なってしまいます。

それは、新店舗の出店です。

これも店を出すことが悪いと言っているのではありません。

どのような状況下での出店なのかが問題なのです。言うまでもなく、A店の場合、落ちて行く1店目の売上を出店によってカバーしようとしたのです。

つまり、成功確率16%のサイコロを何度も振ったわけです。

当然ながら、このような出店は、ほとんど失敗します。

これもコップの水で説明しましょう。

1つのお店のコップの容量を100とした場合、A店は、容量が35になってしまって、2つめのコップ、3つめのコップを用意したのです。

ところが、3つのコップを合わせても、水は70しか溜まらなかったのです。

結果、コップが3つになった分、経費は3倍以上になり、益々、経営を圧迫したのです。

では、どんな状況下での出店が理想なのか、それは、コップの水が100で、さらに20、30と溢れてしまうような（行列が出来る・予約を受け切れない）状況です。

コップの水が溜まらないからコップを増やすのか、コップの水が溢れるからコップを増やすのか、同じ出店でも意味は大きく違うのです。

このA店は、「①無駄な販促」をやり、「②無理な出店」をやり、さらには、私がこの本で何度もお伝えしている、「③売れないものに執着」して、時間とお金を費やしてきたそうです。

このA店は、一番売れていない3号店にお金をかけてリニューアルオープンしようと考えていました。

この店が取り組むべきは、2号店、3号店ではなく、まずは、1000万円売っていた1号店の立て直しですから、私は、即刻、3号店のリニューアルを中止させました。

そして、4つめのカンチガイ経営は、この5年間、店そのものの「魅力」を再構築するという視点と思考がまったく存在せず、とにかく、起死回生、劇的に業績を改善したいという「④成功確率16％のギャンブル」行動に終始していたのです。

いかがでしょうか？

「① 無駄な販促」

「② 無理な出店」

「③ 売れないものに執着」

「④ 成功確率16％のギャンブル」

この4つのカンチガイ経営は、1つ2つ、あなたにも当てはまりませんか？ 他人事ではありませんよね。ちなみに、このA店、今年のゴールデンウィークには、全盛期の売上に匹敵する結果を残し、まだまだ道は険しくとも、先に光が見えてきたところです。

34 経験財産を蓄えるリーダーとなれ

「経験財産」ということについてお伝えしたいと思います。

お陰様で、日本全国の飲食店から、たくさんのご相談をお受けしていますが、ここ最近は、ご相談される方が、大きく2つのパターンに分かれてきています。

1つは、売上が非常に厳しいという、いわゆる**【治療を求めている】**パターンと、もう1つは、現状においては、業績に大きな問題はないが、これから先を見据えた時に、このままでは、さらなる飛躍が見込めないという判断からサポートを依頼される**【予防を求めている】**パターンです。

前者はともかく、後者の場合は、業績に大きな問題がないのなら、わざわざコンサルタントを依頼しなくてもよいのでは？と思われる方も多いでしょう。

しかし、それは違います。

前者においても、後者においても、これからの飲食店においては、これから説明する「経験財産」をどれだけ蓄えているか、そして、これからも蓄えていけるのかが重要になってくるのです。

●「経験財産」を蓄えていることの重要さ

たとえば、あなたのお店のメニューや店頭告知、それから、壁の告知物などは、どのような意図で展開しているでしょうか？

また、それは、経験に裏打ちされた成功確率の高い手法でしょうか？

現状のあなたの店の成り立ちは、創意工夫と失敗と成功を繰り返した上での「今」になっているでしょうか？

人の育成においても、育つ環境作りが仕組みによって定着していますか？

イベントやフェアなどは、どんなものが効果的で、どんなものは効果がないのかを経験的に知り、次の展開に活かせているでしょうか？

まだまだ書き足りませんが、**このようなすべての業務における経験に裏打ちされた成功法則を、私は、「経験財産」と呼んでいます。**

日本全国をコンサルツアーで回っていて感じることは、「店には癖がある」ということです。

もう少しハッキリ言えば、「悪い癖」があります。

もっともっとハッキリ言えば、「長年に渡ってカンチガイ思考でやってきた癖」があります。

これは、私が言う「経験財産」の真逆の状態です。

売上が年々厳しくなっている最大の要因は、不景気でも、競合店でもなく、「悪い癖」がそのまま「経験借金」になっているのです。

この「悪い癖」を経験の糧として、「経験財産」にチェンジして積み上げていかなければなりません。

長く私のサポートを受けておられるクライアント先では、店頭で告知すべきもの、壁で告知すべきもの、メニューブックで告知すべきもの、それぞれに明確な理由があり、最大効果、最大効率を生むようになっています。

仮に、うっかりルール違反の告知をしていても、私が、「これはおかしいですよね？」と言えば、「ああ、そうでしたね」とすぐに気づける関係にあるわけです。

また、様々な販促企画においても、「他の店がやっているから」とか、単に、「今までやってきたから」というような理由での継続はしないようにしています。

「経験財産」のポイントは、「それで儲かっているのか？」です。

もっと言えば、「これで儲けています」と言える商品や仕組みや売り方を財産にしていかなければならないのです。

「経験財産」をたくさん蓄え、経営判断に生かそう

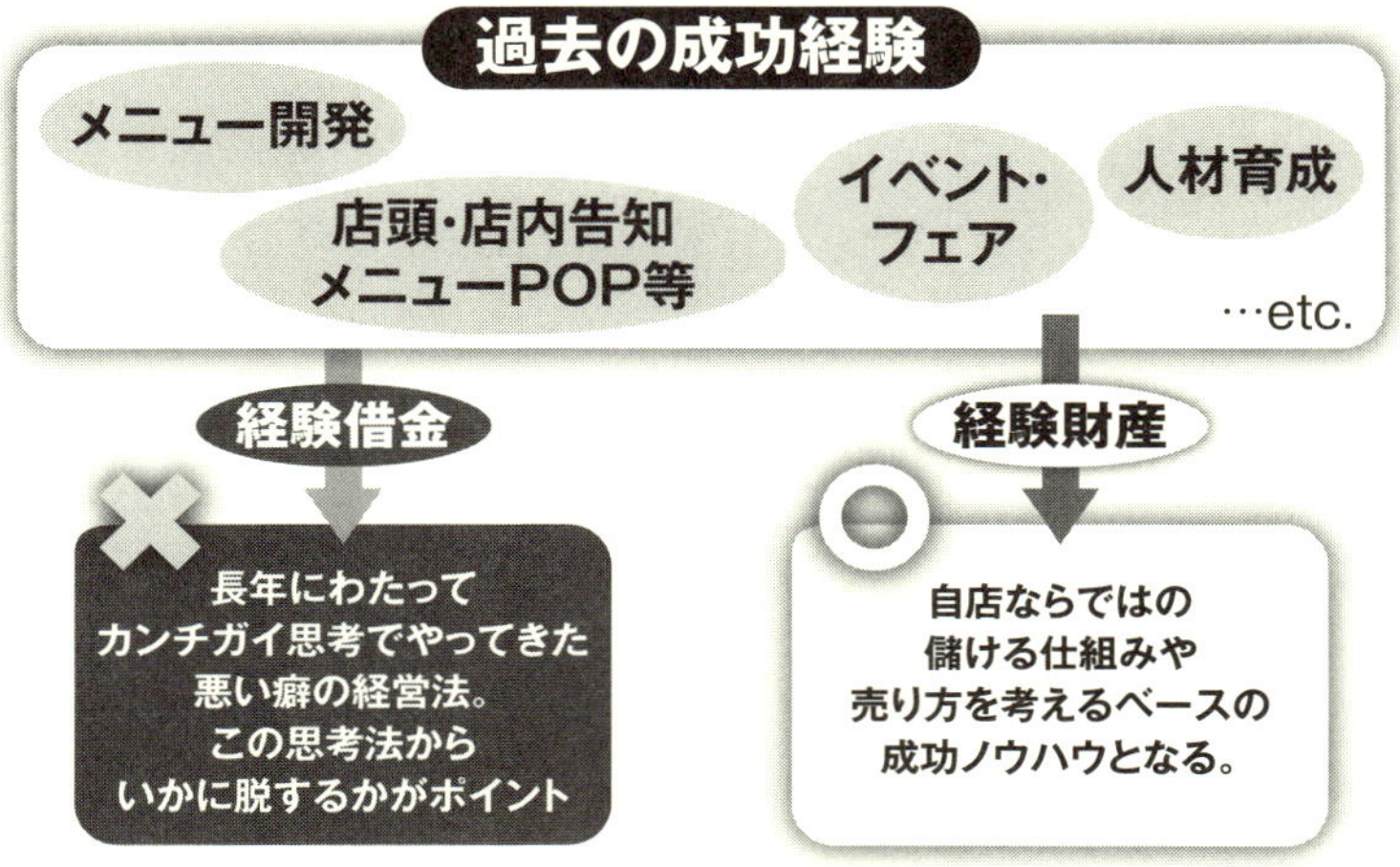
過去の成功経験
メニュー開発
店頭・店内告知
メニューPOP等
イベント・
フェア
人材育成
…etc.
経験借金
長年にわたって
カンチガイ思考でやってきた
悪い癖の経営法。
この思考法から
いかに脱するかがポイント
経験財産
自店ならではの
儲ける仕組みや
売り方を考えるベースの
成功ノウハウとなる。

それが、自分の店以外では通用しなくとも、どこの店でもやっていないことでもよいのです。

私のクライアント先では、このような観点から、意味のない販促や、こだわりをきっぱりとやめますし、逆に、効果があった販促は、その効果がある限り、基本的には同じ展開を繰り返します。

よく、「今度は違うやり方で…」なんて言う人がいますが、私にすれば、ずいぶんと呑気な考え方だと言いたくなります。

効果があるものを、わざわざ自分から変えたりやめたりする必要も余裕もありません。

このような考えの人は、いつまでたっても「経験財産」を貯蓄することが出来ず、

日々、「アドリブ経営」「ギャンブル経営」になってしまうのです。

先日も、私が提案した大ヒットメニューに関して、「これは、いつまでやりますか？」って聞いてくる社長さんがいました。

正直なところ、経営者自身が、飽きちゃっているんですね（苦笑）。

でも、今でも、抜群に売れているメニューなんですよ。

私が、「なぜ？」と聞くと、「新しい商品開発をさせたいから」だと…。

私は、「どんどん、商品開発をやればいいじゃないですか、そして、この商品よりも売れるメニューが出来たら、その時はこの商品をやめていいでしょう」と言いました。

売れていることに飽きるような人間には、永遠に「経験財産」は作れません。

売れている商品に飽きるのではなく、売れないことに飽きてもらいたいものです。

また、「経験財産」は、抽象的な言葉や結果数字ではありません。

現場の中で息づく、具体的な手法なのです。

「地域一番店を目指そう」「お客様から愛される店作り」「皆が経営者意識を持とう」などとキレイな言葉を並べても、何ら、業績向上の役には立たないのです。

ある地方都市の飲食店経営者の実話ですが、居抜き物件をどんどん借りて、従業員に、「あそこで流行っているあれをやれ」と、どこからか聞きつけた人気店をコピーして営業しろというのです。それも、1ヵ月以内にオープンしろという無謀な命令…。

この経営者の考えは、「赤字になったら店は閉める」ですから、10店オープンして10店閉めるようなことを繰り返しています。

この会社は、言うまでもなく、「経験財産」なんて蓄積する以前の問題で、言わば、「当たって砕けろ経営」とでも申しましょうか…。

突然に準備もなく店をオープンして、赤字になったら閉めるだけ…。

飲食店をなめんなよと言いたくなりますよね。

あなたのお店はいかがですか？

「経験財産」は、ありますか？

今からでも遅くありませんから、あなたのお店の「経験財産」を蓄えはじめましょう。

これから、目の前で起きた現象や、取り組みを簡潔にまとめてファイリングすることから始めてもよいでしょう。

また、**テーブルごとに告知を変えてみて、どれが効果的なのか、その理由は何なのかをまとめるのもよいでしょう。**

飲食店は、日々の営業を重ねていますから、本来、数え切れない検証事例の宝庫なのですから、「ああ〜今日も終わった、ご苦労さん」だけの日々では、もったいないではありませんか。

先日も、ある焼肉店のサポートの相談を受け、話を聞いた社長さんが、「景気が悪いのが原因で、お客さんが来なくなった」と話していました。

私は、困ったものだと思いながらも、メニューに目を向けました。何が売りなのかまったくイメージがわかなかったので、「この店のお肉以外の料理で、自信があるメニューは何ですか？」と質問すると、「カルビと宴会」と答えが返ってきました。

私が、思わず苦笑していると、「それでも12月は売れましたよ」と言うので、「いくらくらい売れたんですか？」と聞くと、「70万円くらいかな」と胸を張ります。

この店、悪い月は30万円にも満たない売上だそうです。

それでも「常連のお客さんはおいしいと言うんだけど景気が悪いからなぁ」と言ってくれました（笑）。

まさにこの店、「経験借金」しかない店です。

決して、脅すわけではありませんが、「経験財産」がなく、売上が下降していく店は、悲しいけれど、もう自力操縦は無理になってしまいます。

悪ぶって「出たとこ勝負の経営」「当たって砕けろの経営」を、自慢げに話す人がいますが、そんなものに付き合わされる人のことも考えろと言いたい。

あなたの大切なお店を、これからも存続させ、繁盛させ、自分自身を、家族を、スタッフを、お客様を、ハッピーにしていくためにも、カンチガイ経営から脱出しましょう。

飲食店は、（平均的に）100円で仕入れて、300円で売る商売です。（これも平均的に）1000円の人件費で、4000円を稼ぐ商売です。

儲かっていない店は、簡単に言えば、そうなっていないのです。

どうすればそこに近づくのか？　どこに問題があるのか？

経営者は、どこに目を向け、どんな手を打つのか、それがすべてです。

たとえ、あなたが、365日休むことなく働いたとしても、アルバイトと同じ仕事をしているようでは、儲かるわけがありません。

35 売上は「人」それは経営者自身だと自覚せよ

本書もいよいよ最後の話になりました。

【経営者は、どこに目を向け、どんな手を打つのか、それがすべてです】
【経営者の視野が広がり、思考が変わらない限りは、店は発展しない】

私は、本書でも一貫してこのことを伝えてきました。

初回訪問の際に、よくこんな会話になります。

経営者「佐野さん、やっぱり売上は人次第ですよね」
私「ええ、人は重要です」
経営者「やっぱり、私の考えは間違っていなかったのですね？」
私「いえ、間違っています」
経営者「えっ、どうしてですか？」

私「あなたが言っている、人とは、誰を指しますか？」
経営者「もちろん、従業員です」
私「だから間違っています」「私が言っている人とは、経営者であるあなたのことです」
経営者「………」

つまり、この経営者は、従業員がしっかりしていれば売上は上がると考えているのですが、さらに言わせてもらえば、人（従業員）が成長すれば売上が上がるのではなく、人（経営者）です。

あなたは、この言葉を直視し、受け入れることが出来ますか？

人（経営者）の視点と思考が変わり、売上が上がることで、従業員が成長するのです。

よく見かける光景ですが、私が訪問していると、経営者も敏感になり、お客様がいなくてボ～っとしている従業員に、「ボ～っとしてないで、キビキビ動きなさい」などと注意していますす。

しかし、お客様が誰もいない時に、キビキビ動けるでしょうか？　ほとんどの場合、従業員が（どうすればいいの？）と複雑な表情をしています。

それよりも、売上を150％にすれば、従業員は、150％キビキビ動かなければならないのです。

いいですか？　カンチガイしてはいけません。

従業員が育てば売上が上がるというのは、経営者の業務怠慢の証ですからね、経営者が、売上を上げる手を打ち、実際に売上を上げることで、従業員が育っていくのですよ。

私は、そんな経営者に、冷たいようですが、「売上不振を従業員のせいにしないでください、自分から逃げないでください」と言います。

売上が下がっていることは、従業員も感じています。

そして、従業員は、そんな時に、経営者がどんな言動をするのかを見ているのです。

そこで、「お前らがしっかりしないから、売上が悪いんだぞ」と怒鳴ったら、どうでしょうか？　従業員は口には出さなくても「やってられないな」と思うでしょう。

経営者は、自分の打つ手で数字を動かすことで従業員の信頼を得ます。

逆に、いろいろな試みをしても、まったく数字を動かせない経営者は、どんどん従業員から見損なわれてしまいます。

実際に、多くのクライアント先では、従業員の声を聞いてみると、「やること、言うことがコロコロ変わる」「やるって言っても、一番最初にやめるのが経営者」などと、日頃は口にしない不満を、社長には内緒ですよと言って（笑）爆発させます。

もちろん、何もいきなり売上を上げろと言っているのではありません。

●まず新しいことに取り組んでみて、数字を動かしてみる

まずは、新メニューだったり、フェアだったり、新しい売り方だったり、チラシの配布だったり、そのような取り組みの結果で数字を動かすのです。

私のクライアント先の売上アップの流れは、

①商品構成比が変わる
②客数が増える
③売上が上がる
④利益が上がる

という流れをたどっていきます。

ほぼ100%この順番は変わりません。

カンチガイ経営者は、この順番を無視し、④だけを求め、「従業員が成長しないから俺が苦労しているんだ」と考えて、さらに経営を悪化させます。

この①〜④を花に例えれば分かりやすいでしょう。

①種を蒔《ま》く（構成が変わる）

②芽が出る（客数が増える）
③花が咲く（売上が上がる）
④実が成る（利益が上がる）

いかがですか？　あなたは、種も蒔かずに実だけを採ろうとしていませんか？　人生も経営も【自分が蒔いた種の花が咲き、実が成る】のです。

経営者の視点と思考の結晶が「種」だと思えば、売れない理由を従業員にしている暇はないはずですし、その時間がもったいないではありませんか。

先に、「経験財産」と「経験借金」の話をさせていただきましたが、これは、①～④の流れの中で培ったノウハウだと考えればよいでしょう。

経営者は、この①～④によい効果をもたらす「影響言動」を心掛けなければなりません。

仕事上では、どうでもいい指示、どうにもならない指示を連発していては、経営者の価値は地の底まで下がってしまいます。

経営者の指示は、必ず、①～④によい影響を及ぼすものでなければなりませんし、それが業績と従業員からの信頼につながるのです。

「そうは言っても難しいなあ」と思われる方もいらっしゃるでしょうが、私に言わせれば（経験上）、従業員を成長させて売上を上げる方がよほど難しいことだと思います。

私自身の仕事そのものも、「影響言動」で、①〜④を体感させ、クライアントの「経験財産」を積み上げて行く使命をもって取り組んでいます。

そこには、小手先だけで安易に「実」だけを収穫するような手法は存在しませんし、経営を従業員の成長に託すような呑気な指導もしません。

だからといって、意味難解なことを指導しているわけではありません。

最後に、最近、まれに見るほどの「経営者不適」と思える人物に遭遇しました。その人の特徴を10ヵ条にまとめてみましたので、自己チェックしてみてください。（該当する項目が3つもあれば要注意ですからね）

①判断力がない
②理解力がない
③無駄金を使う
④騙されやすい
⑤自分には甘い
⑥他人の悪いところしか見ない
⑦人が育てられない

⑧物事の価値が分からない
⑨物事に感謝しない
⑩夫婦仲が悪い

いかがですか？　もしかして、ドキッとしていませんか？

自己チェックの仕方は、「自分ではそう思う」ではなく、「相手が自分をどう思っているだろうか」という観点でチェックしてみてください。

あなたの経営人生が、経験財産に培われた素晴らしきものになることを心より願いながら、本書を終わりにします。

最後までお付き合いいただき、ありがとうございました。

おわりに

「飲食店は素晴らしい仕事だ！」

私は、大学時代からお世話になっているこの飲食業界をそう思っています。

地域の皆さんに、「食」を提供し、「職」を提供している飲食店は、もっともっと評価されてよいと思っています。

ただ、残念なことに、日本全国を駆け回っていると、日本中どこへ行っても同じようなチェーン飲食店だらけになってきています。

逆に、並いる大手チェーンに一歩も引くことなく、むしろ、それを上回るような人気の飲食店を見ると、私は、感動で涙が出そうになります。

あなたが頑張っているのは、きっと間違いないでしょう。

しかし、残念ながら、商売は、「頑張っているコンテスト」ではありません。

野球が、ヒット数や三振の数を競うのではなく、点数で競う競技であるのと似ているかもしれませんね。

経営者は、点を取り、失点を防ぐ取り組みが必要です。

「ここぞ」という時に、どこに着目し、どんな手を打つのかが勝負です。

この本をお読みになったあなたには、是非とも「カンチガイ経営」から脱出してもらいたいと思います。

売上が厳しく、資金繰りが厳しくなると、

「飲食店は素晴らしい仕事だ！」なんて思えなくなってきますよね？

ついつい、「サラリーマンはいいよなあ…」と弱音を吐きたくもなります。

しかし、しかしですよ、もう一度、夢を鮮明に描こうではありませんか！

「飲食店は素晴らしい仕事だ！」と、本当にそう思えるまで、やり抜こうではありませんか！


この本が、あなたの情熱の着火剤になることを願っております。

最後に、この本の制作にあたっていただいたすべての方に心より感謝申し上げます。

心をこめて

有限会社イチマルハック　飲食店コンサルタント　佐野裕二

本書は月刊「近代食堂」（小社刊）の連載に加筆訂正してまとめたものです。

著者プロフィール

佐野 裕二（さの　ゆうじ）

有限会社イチマルハック代表取締役　1962年生まれ。佐賀県出身。飲食店での現場のアルバイトから大手外食企業での店長、スーパーバイザー、エリアマネージャー、本部マーケティング部統括部長まですべての経験を持つ「現場を知り尽くした」数少ない飲食店「共創」コンサルタント。その30年にも及ぶ経験に裏打ちされた独自のノウハウと顧客心理から見通した独自の「視点」と「思考」により、「お客様の固定店」作りサポートを実践。全国のクライアント先から強い信頼を得ている。佐野氏ならではの視点やコンセプトによるコンサルティング手法が多くの飲食店の売上・利益の大幅な向上に貢献して注目を集め、また、多くの著書や連載、セミナーでも活躍中。著書に「焼肉店 こうすれば売れる」「飲食店 店を強くする店長の人材育成力」「飲食店 売上を伸ばす店長のプランニング力」「飲食店★店長のためのセルフ・コーチング術」（いずれも小社刊）など多数。他に、小社発行の月刊「近代食堂」や年刊誌「焼肉店」などにも連載原稿を執筆中。

■お問い合わせ等は

有限会社イチマルハック
飲食店「共創」コンサルタント　代表取締役・佐野 裕二

E-mail：　1089@adamay.net
HP　　：　http://adamay.net/1089/

飲食店の
脱・カンチガイ経営

—間違いだらけの経営思考から抜け出せば
もっともっと儲かる店になる！

発行日　2013年11月22日　　初版発行

著　者　佐野裕二（さの・ゆうじ）
制作者　永瀬正人
発行人　早嶋　茂
発行所　株式会社 旭屋出版
〒107-0052　東京都港区赤坂１－７－19
キャピタル赤坂ビル８階
電　　話　03-3560-9065（販売）
03-3560-9066（編集）
FAX　03-3560-9071
郵便振替　00150-1-19572
ホームページ　http://www.asahiya-jp.com
印刷・製本　株式会社 シナノ

ISBN 978-4-7511-1051-5 C2034